LITERATURA EN LENGUA INGLESA II

QUIÉN ES QUIÉN
DE E. A. POE A JAMES JOYCE

DELFÍN CARBONELL

www.literatura-lengua-inglesa.guiaburros.es

EDITATUM

Diseño de cubierta: © Marta Villarín (EDITATUM)

Maquetación de interior: © EDITATUM

Primera edición: septiembre de 2025

ISBN: 979-13-87539-61-0
Depósito Legal: M-15435-2025

IMPRESO EN ESPAÑA/ PRINTED IN SPAIN

Sobre el autor

Delfín Carbonell es B.A. Duquesne University (Pittsburgh, Pa); M.A. University of Pittsburgh. También es licenciado en Filosofía y Letras y doctor en Filología por la Universidad Complutense de Madrid.

Ha sido profesor en la Universidad de Pittsburgh, Universidad de Scranton, Franklin and Marshall College (Lancaster, Pa.), Murray St. University (Murray, Kentucky) y Marshall Institute.

Ha publicado más de 40 libros entre los que destacan: *Escribir y comunicar en inglés,* (Anaya); *Phonética inglesa* (Anaya); *Escribir bien* (Anaya); *La lengua de Cervantes* (Serbal); *Diccionario del argot, el sohez* (Larousse, Serbal, McGraw-Hill); *Diccionario panhispánico de refranes* (Serbal); *Diccionario de clichés* (Serbal); *Diccionario de argot inglés-castellano* (Serbal); *Diccionario fraseológico inglés-español* (Serbal); *Diccionario de refranes inglés-castellano* (Serbal, Barron´s) y *El laberinto del idioma inglés* (Serbal).

La colección *GuíaBurros* (Editatum) le ha publicado: *Los mejores refranes en español e inglés*; *Hablar y escribir con corrección*; *Las mejores citas*; *Aprender inglés I y II*; *El porqué de las frases hechas I y II*; *Fraseología Español-Inglés* y *Literatura en lengua inglesa I*.

En su blog *Las lenguas inglesa y española de Delfín Carbonell* trata de temas lingüísticos y culturales de ambos idiomas.

Agradecimientos

"Between life and death there is a library" she said. "And within that library, the shelves go on for ever. Every book provides a chance to try another life you could have lived. To see how things would be if you had made other choices… Would you have done anything different, if you had the chance to undo your regrets?".

Matt Haig, *The Midnight Library,* 2020.

Índice

Celia está de vuelta

Una de las muchas bondades de la literatura, de la ficción, es que todo vale, que podemos manejar el tiempo a nuestro antojo, cambiar la realidad, desdecirnos, obviar la geografía, sin que haya repercusiones de ningún tipo. Ayer, por ejemplo, me llamó Celia para comunicarme que ya está de vuelta. Ha pasado año y medio como un soplo y ya está de regreso con su Master en matemáticas (M.S.) y con ganas, locas dice, de retomar nuestras conversaciones sobre literatura en lengua inglesa. Hemos quedado en los Jardines de Sabatini, a la vera del Palacio Real, mañana, que auguran soleada.

Y ese mañana ya es ahora, hoy, y estamos sentados en un banco, Celia y yo, preparados para charlar de libros y autores en lengua inglesa, y también para que yo recuerde mis tiempos de lector empedernido.

James Fenimore Cooper

—Como acabas de regresar de los Estados Unidos, quizá sea apropiado comenzar nuestra primera charla con el norteamericano James Fenimore Cooper (1789-1851) aprovechando también que en ese país se ha puesto de moda el tema de los *native Americans,* los indios.

—Cierto. Se han dado cuenta, a estas alturas, de la situación de los habitantes autóctonos de lo que ahora se conoce como Estados Unidos. Pero ¿qué tiene que ver James Fenimor Cooper con este tema?

—Escribió la famosa novela *The Last of the Mohicans, El último mohicano,* en 1826, que se desarrolla durante las French and Indian Wars de 1756 a 1763, entre británicos y franceses, con la ayuda de los *native Americans,* indios de diferentes tribus. Se trata de rescatar a las hijas del coronel Munro, Cora y Alice, prisioneras de la tribu de los hurones. Hawkeye es un blanco adoptado por los mohicanos que, con su padre y hermano adoptivos, intenta rescatar a las chicas, entre aventuras en la América salvaje: romance, drama, amistad, guerras y aventuras.

—He visto la película. Me encantó y muy especialmente la música.

—Lo que no sabes es que ya en 1920 se hizo una versión de cine mudo de la novela. Y en 1936 se filmó otra versión, pero la mejor es la que tú has visto, de 1992, dirigida por Michael Mann. La música de Trevor Jones y Randy Edelman la hace memorable, como ya has apuntado. Con cierta frecuencia escucho *Promentory,* el tema principal.

—La música ayuda mucho a la película. Me encantó. ¿Debería leer el libro?

—Esta novela explica la confrontación entre los nativos americanos y los europeos en la América de aquel momento. Ya sabemos ahora quién ganó este enfrentamiento. Es uno de los primeros ejemplos de literatura norteamericana que desarrolla lo que luego fue la frontera americana que duró casi un siglo y que explica el espíritu de independencia y coraje de los colonos que arribaron a aquellas tierras en busca de una vida mejor, a expensas de los habitantes autóctono que ahora viven en pequeñas reservas. Ya lo dice el final de la novela: "The pale–faces are the masters of the earth, and the time of the redmen has not yet come again".

—Una tragedia, en fin —suspira Celia.

—Siempre. Pero hablamos de literatura y, en este caso de novela histórica, tan de moda ahora. Cooper refleja los prejuicios de la época sobre los indios y su cultura. Escribió también *The Pioneers, The Deerslayer* y *The Pathfinder* (1840). Esta última acabó también en película, *The Pathfinder,* de 1952, dirigida por Syney Salkow.

—Como he visto la película, ¿debo leer la novela?

—Son cosas distintas. La película es muy entretenida y nada tediosa. La novela es épica y complicada de leer hoy, pero vale la pena. Cuestión de gustos y de tiempo.

El sol se pone, como enrojecido, que recuerda a los *red-men* mohicanos de antaño, y Celia y yo nos vamos, despacio, tratando de tararear el tema musical de "El último mohicano".

Nathaniel Hawthorne

—Celia, ¿has oído hablar de la *Letra escarlata?*

—Sí, me suena. ¿De qué va?

—*The Scarlet letter,* novela de Nathaniel Hawthorne (1804-1864) ambientada en el Massachusetts puritano del siglo XVII. La historia de Hester Prynne, mujer condenada por la comunidad por adulterio, por tener un hijo ilegítimo. La obligan a llevar una letra "A" de color escarlata en el pecho como señal de su vergüenza. Hester pugna por reconstruir su vida mientras se enfrenta a la ignominia y escarnio social.

—Eso de los hijos ilegítimos de antaño siempre me ha parecido un tema terrible. Esa letra "A" era un sambenito o nota de descrédito —sermonea Celia con un respingo.

—Pero era una realidad dramática que hacía un calvario de muchas mujeres. No de los hombres.

—¿Qué más pasa?

—La novela explora temas de pecado, culpa y redención, y Hester tiene que lidiar con su hija Pearl, su marido Roger Chillingworth, del que está separada, y el reverendo Arthur Dimmesdale, que es secretamente el padre de su hijo. A medida que los personajes pugnan con sus conflictos internos, la narración hace hincapié en las consecuencias de las transgresiones morales y el impacto de las expectativas sociales en las vidas individuales. La novela ofrece una conmovedora exploración de la condición humana y de las complejidades de la moralidad. Estamos en Salem, la famosa ciudad de Salem, en Massachussets, tristemente conocida por sus persecuciones religiosas y de brujas de 1692, en los juicios y asesinatos de mujeres.

—Sí, he oído hablar de esos "juicios" y asesinatos. Pertenecen a la Leyenda Negra religiosa de los Estados Unidos. —sentencia.

—En el *Preface* a la segunda edición se queja el autor de que "*The Scarlet Letter* has created an unprecedented excitement in the respectable community immediately around him". Esto indica que no fue bien recibida por el público en general, pero Hawthorne no cambió nada y la obra se convirtió en un clásico, más importante ahora que en el siglo XIX.

—¿Se han hecho películas de la novela?

—Muchísimas, lo que indica lo candente del tema. Si consultas internet…

—Deja que lo haga —dice Celia—. A ver, ¡qué barbaridad! Versiones, mudas supongo, en 1908, 1911, 1913, 1922, 1926 y 1934. ¿Es eso posible? Y más: 1973, 1995, 2010 y 2015. ¿Se puede pedir más? Me dice Internet que la mejor versión, de MGM es la de 1926, dirigida por Victor Seastrom.

—Lo cual demuestra el interés que suscitó la novela de Hawthorne que es, en realidad, y en resumen, un canto a la lucha de las mujeres fuertes en contra de su situación, de esperanza e ilusión en las relaciones entre hombre y mujeres, tal y como lo expresa Hester: "[…] her firm belief, that, at some brighter period, when the world should have grown ripe for it, … a new truth would be revealed, in order to establish the whole relation between man and woman on a surer ground of mutual happiness".

—Eso está bien. Me gusta. ¿Otras obras de Nathaniel? —pregunta.

—*The House of the Seven Gables,* novela gótica que recomiendo.

Recojemos teléfonos, ordenadores, cartapacios, estilográficas y lapiceros y no vamos los dos, pensando en los fanáticos puritanos de antaño…, y de hogaño.

Edgar Allan Poe

Hay que leer. Es bueno leer. Pero pocos nos dicen por qué. Nos dedicamos a la lectura porque nuestra actividad consiste en apoyarnos sobre la sabiduría indubitada del pretérito.

—Lees a Ortega, veo —observa Celia al entrar.

—Es la servidumbre de los bilingües. Debemos estar a caballo de dos culturas, de dos literatura y filosofías. El ser desmoralizado busca respuestas, nos dice Ortega, incapaz el espíritu de mantenerse por sí mismo en pie, busca una tabla donde salvarse del naufragio y escruta las grandes obras literarias, a los grandes del pensamiento del pasado, en demanda de respuestas. Sí, releo *El tema de nuestro tiempo,* de José Ortega y Gasset, de quien siempre hallo respuestas.

—Creo que tenemos la suerte de poder bucear, como dices, en dos lenguas, sin problemas —apunta Celia—. Pero nosotros ahora, como prometiste, creo, debemos considerar a Edgar Allan Poe (1809-1949), norteamericano.

—Me vienen a la mente dos grandes poemas: *The Raven* y *Annabel Lee:*

It was many and many a year ago,
In a kingdom by the sea,
That a maiden there lived whom you may know
By the name of Annabel Lee;
And this maiden she lived with no other thought
Than to love and be loved by me.

I was a child and she was a child,
In this kingdom by the sea,
But we loved with a love that was more than love—
I and my Annabel Lee—
With a love that the wingèd seraphs of Heaven
Coveted her and me.

… y el poema continúa. Otro poema favorito del público es *The Raven,* apreciado por su musicalidad y simbolismo:

Once upon a midnight dreary, while I pondered, weak and weary,
Over many a quaint and curious volume of forgotten lore—
While I nodded, nearly napping, suddenly there came a tapping,
As of someone gently rapping, rapping at my chamber door.
"'Tis some visitor," I muttered, "tapping at my chamber door—
Only this and nothing more".

Ah, distinctly I remember it was in the bleak December;
And each separate dying ember wrought its ghost upon the floor.
Eagerly I wished the morrow; —vainly I had sought to borrow
From my books surcease of sorrow —sorrow for the lost Lenore—
For the rare and radiant maiden whom the angels name Lenore—
Nameless here for evermore.

… y aparece el *Raven.* Lee las dos poesías en voz alta y apreciarás su musicalidad.

—Entonces Poe fue principalmente poeta, supongo.
—dice Celia.

—No. Fue el pionero del cuento y narraciones cortas que continúan cautivando a los lectores de hoy. Yo hice dos ediciones para estudiantes de inglés, *The Black Cat* y *The Cask of Amontillado*, publicadas por Dos Continentes. Su narración más famosa es *La caída de la casa de Usher*, *The Fall of the House of Usher*, de la cual se han hecho toda clase de reproducciones y ediciones.

—Sí, ahora recuerdo. Pone los pelos de punta.

—Su técnica narrativa y sus estudios psicológicos de los personajes siguen llamando la atención. Escribe sobre la muerte, lo sobrenatural, lo macabro, la locura... los aspectos más oscuros de la naturaleza humana. Se le atribuye la creación de la primera narración detectivesca con su *The Crimes of the Rue Morgue*, donde aparece el detective August Dupin, que tuvo un impacto significativo en Arthur Conan Doyle con su Sherlock Holmes e impulsó toda la literatura detectivesca posterior. Después de Dupin vinieron, Holmes, Poirot, Philo Vance, Miss Marple, Maigret, Perry Mason... y tantos otros que encantan a los aficionados de este género que tenemos gracias a Poe.

—No soy aficionada a leer este género literario que es siempre igual: un lugar, un crimen, unos sospechosos, un detective, y la solución. ¿No crees?

—Curiosamente soy de la misma opinión... pero léete *Los crímenes de la calle Morgue* y verás como la cosa cambia.

—¿Algo más?

—La criptografía. Poe se interesó mucho por esta materia y escribió *The Gold Bug*, que se desarrolla alrededor de un mensaje secreto, un cuento perfecto donde comenta, explica, y hace apreciaciones sobre la criptografía.

—Me acuerdo de Sherlock Holmes y su *The Adventure of the Dancing Men,* que me gustó mucho, donde el detective interpreta unos dibujos en criptograma.

—Lo siento. He oído hablar de Poe pero no le he leído nada. Veo que en el *Project Gutenberg* has varias de sus *Obras Completas, Complete Works.*

—Poe ha pasado de autor literario a héroe popular e icono de la buena narrativa. Todo eso lo hizo en 40 años y una vida de sufrimientos sinfín.

Oliver Wendell Holmes, Sr.

Celia llega jadeando.

—Por error —explica— me he bajado en la estación de metro Gregorio Marañón y he tenido que correr.

—Me alegro que menciones al Dr. Marañón que a la vez de ser médico y científico fue literato, escritor. Yo he leído y tengo su biografía del Conde–Duque de Olivares, que es la que más me gusta de las muchas que hay.

—Como no das puntada sin hilo, supongo que Marañón viene a cuento —me mira fijamente Celia.

—Correcto y ya que lo dices, hablemos de Oliver Wendell Holmes, Sr. (1808-1894) que fue médico, científico y escritor de gran fama. Las letras y las ciencias no están reñidas en el caso de algunos personajes. Holmes y Marañón, por ejemplo.

—Cuéntame algo de Wendell Holmes, ¿o prefieres que lo busque yo?

—Fue médico e hizo contribuciones importantes en anatomía y fisiología. Introdujo el éter como anestesia en la cirugía y se le atribuye la palabra *anaesthesia,* anestesia. Pero se le conoce más como literato. Profesor y decano en Harvard, su escrito más famoso es *Autocrat of the Breakfast Table* (1958). Las revistas de la época llegaron a pagarle 5 dólares la línea que es mucho incluso para hoy. Fue todo un polígrafo, a *polymath.* Era un intelectual, un gigante intelectual, que fue muy famoso en su tiempo y sigue siéndolo, como el Dr. Gregorio Marañón, a quien mencionamos al principio.

—¿Alguna cita interesante? —pregunta Celia.

—Muchísimas:

- "Beware how you take away hope from any human being".
- "The great thing in this world is not so much where you stand, as in what direction you are moving".
- "A moment´s insight is sometimes worth a life´s experience".
- "Poverty is evidence of limited capacity".
- "It is pleasant to be foolish at the right time".
- "All men are bores, except when we want them".
- "All want to reach old age and grumble when they get it".

Toda cultura tiene sus héroes literarios, científicos, artísticos y culturales en general. Oliver Wendell Holmes Sr. es un icono cultural en lengua inglesa a tener en cuenta siempre.

—Echaré una ojeada al *Autocrat of the Breakfast Table,* por si las moscas —comenta Celia mientras toma notas.

—Anota que su hijo, Oliver Wendell Holmes Jr. fue un gran jurista y juez del Tribunal Supremo de los Estados Unidos. La gente los confunde.

Harriet Beecher Stowe

—Muchos libros han eclipsado la fama a sus autores. Reconocemos títulos, pero ignoramos autores. Este es el caso de Harriet Beecher Stowe 1811-1896, que nadie reconoce hasta que mencionamos su novela *Uncle Tom´s Cabin, La cabaña del tío Tom*.

—Para Reyes, de pequeña, me regalaron una edición abreviada del libro que me gustó —dice Celia.

—Se publicó en 1852 en dos volúmenes y causó un impacto importante en los lectores del norte que cambiaron su actitud hacia la esclavitud. La novela de Stowe fue decisiva para impulsar el movimiento abolicionista que finalmente desencadenó la Guerra Civil de 1861-1865, entre el norte y el sur. Se cuenta que cuando Harriet visitó la Casa Blanca, Abraham Lincoln le dijo: "So you are the little woman who wrote the book that started this great war".

Sigue siendo una obra emblemática de la literatura y la historia social de Estados Unidos y de la esclavitud en general. Narra la vida del Tío Tom, esclavo afroamericano, vendido de negrero en negrero, y de las personas con las que se encuentra, en los años anteriores a la Guerra Civil. El americano medio del norte no tenía idea de la brutalidad de la esclavitud en los estados del sur. Muchos enemigos de la novela y de los negros en general, orquestaron una campaña en su contra. El más prominente fue A. Woodward, con su libro *A Review of Uncle's Tom Cabin; or An Essay on Slavery,* 1853, donde leemos *There are nearly four million of slaves in the United States…four million of human beings without property or character and utterly devoid of any sense of honor and shame…* y más aún: *What would the consequences [be] of turning loose four million of human beings, to prowl about like wild beasts without restraint, or control, and commit depredation on the white population?*

—Lo triste —comenta Celia— es que todavía hay gente que piensa así. Y por eso todavía tenemos esclavitud.

—Tenemos tráfico de personas, trabajos forzados, explotación de inmigrantes, a pesar de que muchas organizaciones como *Anti–Slavery International* pugnan por erradicar este bochornoso cáncer social. Esta lucha viene de lejos y comenzó en diferentes países. Emilio Castelar (1832-1899) en España, presidente de la Primera República, logró que se aboliera la esclavitud en Puerto Rico en 1873 y en Cuba en 1886.

—¿Tan tarde en Cuba?

—Y eso que Gertrudis Gómez de Avellaneda (1814-1973) logró despertar la conciencia sobre la esclavitud en España y sus provincias con su novela *Sab* de 1841, once años antes que *La cabaña del tío Tom*.

—¿Española? —pregunta Celia.

—Nacida en Cuba, cuando Cuba era España. No logró la fama ni la influencia de Harriet Stow. Tuvo una vida agitada e interesante. Y *Uncle Tom's Cabin* representa un hito en la literatura de investigación sociológica mundial. Es un alegato contra la injusticia que termina con palabras duras: "Both North and South have been guilty before God; and the *Christian church* has a heavy account to answer".

—¿Qué significa el término *Uncle Tom* exactamente? — pregunta Celia.

—Empleado por los afroamericanos para definir a los que le hacen el caldo gordo a los blancos, a los que les bailan el agua para ganarse su favor. Término despectivo. Sólo lo emplean los negros para insultar a otros negros. Los dos, Celia y yo, nos quedamos en silencio, quizá rumiando lo difícil de las relaciones humanas y la complejidad de la interacción entre razas.

Charles Dickens

—Celia, escucha esto: "It was the best of times, it was the worst of times, it was the age of wisdom, it was the age of foolishness, it was the epoch of belief, it was the epoch of incredulity, it was the season of Light, it was the season of Darkness, it was the spring of hope, it was the winter of despair, we had everything before us, we had nothing before us, we were all going direct to Heaven, we were all going direct the other way…" ¿Te suena?

—Sí —Celia asiente, reconociendo la cita—. Parece que Dickens siempre supo captar las contradicciones de la vida —comenta mientras saca de su mochila una edición anotada de *Great Expectations*.

—Las primeras palabras de *A Tale of Two Cities, Historia de dos ciudades,* de Charles Dickens (1812-1870) describiendo el periodo cuando se desarrolla la novela histórica que ocurre entre dos ciudades, Londres y París, antes y durante la Revolución Francesa, y explora temas de sacrificio, resurrección, amor y revolución.

—Nada menos —exclama Celia.

—No es una novela histórica al uso, con personajes de verdad desfigurados por el autor, sino personajes de ficción atrapados en un momento histórico, convulsivo, para Francia y para Europa.

—Me suena más —explica Celia— su *A Christmas Carol.*

—Cierto y quizá sea una de sus obras más populares, especialmente en Navidad, donde seguimos a Ebenezer Scrooge, un viejo amargado y gruñón que recapacita sobre el significado de la Navidad gracias a un viaje sobrenatural en nochebuena. Scrooge se encuentra con cuatro espíritus: *Jacob Marley,* su difunto socio, *The Ghost of Christmas Past, The Ghost of Christmas Present,* y el *Ghost of Christmas yet to come.*

—Ya recuerdo. Creo que todos hemos leído este cuento largo, y hasta visto películas y dibujos animados, especialmente en Navidad.

Dickens no solo fue un escritor brillante, sino también un crítico social implacable. Su propia vida fue una fuente constante de inspiración para sus obras. ¿Sabías que trabajó en una fábrica de betún a los doce años, mientras su padre estaba en la prisión por deudas?

—Sí —respondió Celia—. Eso explica por qué en *David Copperfield* y *Oliver Twist* hay tantos niños sufriendo injusticias. Como cuando Oliver pide más comida: "Please, sir, I want some more". Era como si Dickens estuviera denunciando lo que él mismo vivió.

—Su literatura no era solo entretenimiento; era un espejo de la sociedad victoriana. Y aunque a veces se le acusa de sentimentalismo, su capacidad para crear personajes memorables es innegable. Dickens era tan famoso en su época que la gente esperaba en los muelles de Nueva York a que llegaran los barcos con los últimos capítulos de *The Old Curiosity Shop* para saber si Little Nell había muerto. Cuando daba lecturas públicas de *A Christmas Carol,* interpretaba las voces de todos los personajes, incluso la del pequeño Tiny Tim. ¡La gente lloraba con su "God bless us, every one!" Mezclaba lo trágico con lo cómico. En *Nicholas Nickleby,* el señor Squeers es un villano detestable, pero los hermanos Cheeryble son tan bondadosos que casi parecen irreales. La vida para él no era solo oscuridad o luz, sino ambas. Como escribió en *Bleak House:* "The one great principle of the English law is, to make business for itself". Una crítica mordaz, pero con ironía.

Celia se queda pensativa y reflexiona:

—Parece que Dickens te entusiasma.

—A veces pienso que, si Dickens viviera hoy, seguiría escribiendo sobre desigualdad, solo que con teléfonos móviles y redes sociales —sonrío y cito—: "No one is useless in this world who lightens the burdens of another", como escribió en *Our Mutual Friend.* La literatura de Dickens nos recuerda que, pese a todo, la compasión siempre es necesaria.

Celia guarda sus notas.

Sonrío y cito de *Our Mutual Friend:* "No one is useless in this world who lightens the burdens of another" que resume su mensaje. La literatura de Dickens nos recuerda que, pese a todo, la compasión siempre es necesaria.

Celia asiente, con cara seria, guardando sus notas.

— Entonces, ¿seguimos la próxima semana?

—Por supuesto —respondo— pero con buen humor, como dijo en *A Christman Carol:* "There is nothing in the world so irresistibly contagious as laughter and good humor". Y es que los grandes escritores jamás pierden su vigencia.

Anthony Trollope

La cafetería *La pecera* del Círculo de Bellas Artes de Madrid en la calle de Alcalá es donde nos reunimos Celia y yo hoy para conversar en torno a Anthony Trollope (1815-1882), inglés que retrató como nadie la Inglaterra rural y la política de su tiempo. He tenido que prepararme un poco leyendo sobre él y he descubierto que era un trabajador infatigable que escribía tres mil palabras antes del desayuno, todos los días, sin falta y decía que "A small daily task, if it be really daily, will beat the labours of a spasmodic Hercules". Y por eso publicó 47 novelas en 35 años. Mientras Dickens agonizaba por sus entregas mensuales, Trollop trabajaba como un reloj.

Le explico todo esto a Celia que llega, como siempre, cargada de cartapacios y plumieres, y con una Ipad, además.

—Traigo un ejemplar de *The Warden* y he descubierto que Trollop combinó su carrera literaria con un empleo en el servicio postal. Parece ser que incluso inventó el buzón de correos en Inglaterra.

—No me sorprende —exclamo—. Sus novelas están llenas de funcionarios, clérigos y políticos. En *Barchester Towers,* el obispo Proudie y su terrible esposa parecen salidos de una oficina gubernamental. Ahí está su genio: retrató la burocracia con ironía, pero sin crueldad. Mientras Dickens caricaturizaba a los poderosos, Trollope los humanizaba. Como esa línea en *Phineas Finn:* "It is a comfortable feeling to know that you stand on your own ground".

Celia consulta sus notas y lee:

—Anotaba meticulosamente sus ganancias en un cuaderno. Calculaba cuánto le pagarían por palabra, como un tendero. Era, al parecer, un hombre práctico. Cuando viajaba en tren, cronometraba escenas para que duraran exactamente lo mismo que el trayecto. Y aunque hoy lo critican por ser «demasiado regular», esa autodisciplina le permitió crear personajes inolvidables. Como la señora Proudie —apunto—. Esa mujer mandona que gobierna la diócesis a través de su marido... ¡Trollope la mató en una novela solo porque un lector le dijo que era insufrible!

—Has hecho los deberes bien. Sí, y luego se arrepintió. Pero así era él: un escritor que escuchaba a su público. De hecho, sus *Chronicles of Barsetshire* se publicaron por entregas, pero a diferencia de Dickens, nunca improvisaba. Todo lo tenía planeado.

—Quizá un poco maniático —juzga Celia mientras observa la calle de Alcalá.

—Quizá Trollope sea el anti–Dickens: menos melodrama, más psicología. Sus héroes, como el doctor Thorne, son gente común con contradicciones y justo por eso ha envejecido tan bien. Mientras otros victorianos moralizaban, él mostraba la ambigüedad de las decisiones humanas. Como escribió en *The Way We Live Now:* "There are men who cannot communicate their own griefs".

Celia mira su reloj. Y yo le entrego un ejemplar de *The Eustace Diamonds,* su crítica a la corrupción.

—¿Lo leo? —pregunta con sorpresa.

—Tú sabrás, pero recuerda su consejo: "The habit of reading is the only enjoyment in which there is no alloy".

Y así, entre café y café descubrimos que Trollope, el escritor que escribía como quien contabiliza facturas, había captado la esencia misma de la vida cotidiana. *The Way we Live* (1870), *Phineas Finn* (869), *The Eustace Diamonds* (1873), *The Warden* (1855).

Charlotte Brontë

—Celia, hoy quiero que hablemos de una de las escritoras más influyentes del siglo XIX: Charlotte Brontë (1816-1855). ¿Qué sabes de ella?

—Bueno —responde—, sé que escribió *Jane Eyre,* novela que revolucionó la literatura por su protagonista fuerte y apasionada.

—Charlotte nació en 1816 en Yorkshire, Inglaterra, en una familia humilde. Perdió a su madre muy joven y, junto a sus hermanas Emily y Anne, creó mundos imaginarios para escapar de la realidad. Publicó *Jane Eyre* en 1847 bajo el seudónimo de *Currer Bell,* porque en esa época las mujeres escritoras eran menospreciadas. Ya lo vimos con Jane Austin, ¿recuerdas? En España, Cecilia Böhl de Faber usó el seudónimo de Fernán Caballero.

—¿Tuvo éxito? —dice Celia.

—Mucho, y causó un cierto escándalo por su crítica social y la independencia de Jane. Charlotte, a través de Jane, cuestionó la desigualdad de género y la hipocresía religiosa. Además, la novela tiene elementos autobiográficos. Como Jane, Charlotte trabajó como institutriz y vivió en un internado cruel, como el Lowood de la novela. Fue un éxito, pero también generó controversia, como ya he dicho. Algunos criticaron su "inmoralidad" porque Jane se rebela contra su destino. Sin embargo, con el tiempo, se convirtió en un clásico feminista. Influyó en escritoras como Virginia Woolf, quien admiró su honestidad emocional.

—He investigado y descubierto que se han hecho muchas versiones cinematográficas de la novela, así como miniseries para la televisión.

—Por algo será, ¿no? —pontifico—. Eso pasó también con Austen, ¿recuerdas?

—¿Qué más podemos aprender de su vida? —Celia es una mujer práctica.

—Que el arte nace de la adversidad. Charlotte perdió a sus hermanas Emily y Anne por tuberculosis, y a Branwell, su hermano, por el alcoholismo. A pesar del dolor, siguió escribiendo. Publicó *Shirley y Villette,* aunque ninguna superó el éxito de Jane Eyre. Murió joven, a los 38 años.

—Fíjate, con 38 años, pero su legado perdura. Hoy, *Jane Eyre* sigue inspirando a lectores —exclama Celia, muy animada.

—Como dijo Charlotte: "Life appears to me too short to be spent in nursing animosity or registering wrongs" ("La vida me parece demasiado corta para malgastarla en rencores o agravios"). Su obra nos enseña a luchar por nuestra propia voz, incluso en un mundo que intenta silenciarnos y añadió "I am no bird; and no net ensnares me: I am a free human being with an independent will" ("No soy pájaro; y ninguna red me atrapa: soy un ser humano libre con voluntad propia").

—Creo que voy a tener que leerme *Jane Eyre.* Veo que *Project Gutenberg* la tiene. ¿Me la resumes a grandes rasgos?

—Jane, niña huérfana, sufre maltratos en casa de su tía y luego en el austero internado de Lowood. Adulta, trabaja como institutriz en Thornfield Hall, donde se enamora del misterioso Mr. Rochester, dueño de la mansión. Antes de casarse, Jane descubre que Rochester ya lo está con Bertha Mason, una loca encerrada en el ático. Jane huye, encuentra refugio con los Rivers (descubriendo que son sus primos) y rechaza un matrimonio sin amor con St. John. Tras oír la voz de Rochester llamándola, regresa a Thornfield y se casa con él, ya libre de ataduras y en igualdad. Una historia de amor, moral y libertad femenina, donde Jane prioriza su dignidad sobre la pasión ciega, desafiando las normas sociales de la época victoriana.

Emily Brontë

Estoy en mi despachito, rodeado de libros y polvo, esperando la visita de Celia. No me gusta que venga a casa porque dice que habla con gente con la que convivo.

—Hola —dice Celia, de repente, delante de mí.

—¿Cómo has entrado? —digo con sorpresa.

—Me ha abierto tu ama de llaves.

—No vuelvas con esas. Vivo solo y no tengo ama de llaves. ¿Qué dices?

Se hace la loca, no contesta, y se sienta, colocando sus trastos en mi escribanía.

—Mira lo que he escrito sobre Emily Brontë y su novela.

—Y me alarga unas cuartillas escritas a mano.

"Emily Brontë (1818-1948), hermana menor de Charlotte Brontë y autora de otra gran novela gótica: Cumbres Borrascosas *(Wuthering Heights), en torno a una historia de amor apasionado y venganza en los sombríos páramos de Yorkshire, Inglaterra. Lockwood, inquilino que alquila la finca Cumbres Borrascosas a Heathcliff, un hombre hosco y misterioso. A través de los recuerdos de la criada Nelly Dean, Lockwood descubre la trágica historia de Heathcliff y Catherine Earnshaw. El padre de Catherine había adoptado a Heathcliff, niño huérfano, quien forma un vínculo intenso con su hija. La diferencia social los separa: Catherine se casa con Edgar Linton, un hombre refinado, mientras que Heathcliff, humillado y despechado, desaparece. Años después, Heathcliff regresa rico y amargado, decidido a destruir a quienes lo rechazaron. Catherine, atrapada entre su amor por Heathcliff y su vida con Edgar, muere tras dar a luz a su hija, Cathy. Heathcliff se casa con Isabella Linton (hermana de Edgar) por despecho y maltrata a su hijo, Linton, y a los descendientes de ambas familias, incluyendo al hijo de Catherine, Hareton, y a la joven Cathy. La obsesión de Heathcliff por Catherine lo consume hasta su muerte. En un giro final, los jóvenes Cathy y Hareton (víctimas de la venganza de Heathcliff) encuentran amor y redención, rompiendo el ciclo de odio".*

—El argumento es complicado, pero lo has hecho bien. ¿De dónde lo has sacado? —pregunto.

—Ya había leído yo la novela, que me encantó. Es una historia oscura, llena de pasión, crueldad y fantasmas del pasado, de venganza, odio y obsesión, que comienza cuando Lockwood va a visitar a su casero, *landlord,* Mr. Heathcliff, hombre taciturno y áspero.

—Cierto. Antes de que vinieses he comenzado a releerla en *Project Gutenberg* y, la verdad, engancha desde el mismísimo principio —le explico a Celia—. También apareció en la primera edición con seudónimo, en 1847.

—He leído que tenía un carácter especial, poco comunicativa. Murió a los treinta años, posiblemente de tuberculosis, sin querer saber de médicos. Su hermana Charlotte dijo de ella: "She has a spirit more resolute than a martyr's". —Celia no revela sus fuentes.

—Recuerda, Celia, lo que se decía en las universidades norteamericanas: si copias de uno es plagio; si copias de tres o cuatro, es investigación —suelto una risita estúpida y añado—: las hermanas Brontë, Charlotte, Emily y Anne, vivieron vidas cortas, tristes, y escribieron por su infelicidad. Expresaron lo que se había hasta entonces silenciado en las novelas. *Jane Eyre* y *Wuthering Heights* son su gran legado.

Celia se marcha. La oigo hablar con alguien en el recibidor. Voz de mujer. ¿El ama de llaves que menciona siempre? Apago la vela y me voy a dormir en mi catre desvencijado.

Herman Melville

Le he pedido por Whatsapp a Celia que trajera una breve biografía de Herman Melville (1819-1891). Es esencial que se acostumbre a buscar información y que la sintetice. Sé que se se zambullirá en Wackypedia (sic) y la fusilará, pero eso es lo que toca hoy en día. Leí en su momento *Bartleby, the Scrivener: A Story of Wall Street, Benito Cereno,* y *Billy Budd, Sailor* que me encantaron. Nada más. Las tres narraciones son cortas y muy conocidas y las recomiendo. *Bartleby* es muy popular entre los intelectuales españoles, pero no sé por qué.

Llega Celia con unos papeles en la mano.

—Aquí tienes el encargo: unos apuntes sobre la vida de Herman Melville, que nació en Nueva York en 1819 y allí murió en 1891, a los 72 años, que no está mal para la época. A los 20 años se embarcó y se enamoró del mar.

—¿De dónde te has inspirado? —pregunto.

—De Wackipedia, como tú dices, que tiene un larguísimo artículo sobre él, que nos habla de sus ancestros, su matrimonio, sus viajes, su relativo éxito como autor y cómo, ya en el siglo XX, se le empezó a tener en cuenta y se le comenzó a considerar como gran escritor, y su *Moby-Dick* la gran novela americana.

—Pues esa es la que yo no he leído y ni siquiera visto la película, la de Gregory Peck.

—¿Y eso? —pregunta Celia sorprendida.

—Pues no lo sé. Manías de cretino, supongo, porque, repito, me encantaron *Bartleby, the Scrivener: A Story of Wall Street, Benito Cereno* y *Billy Budd, Sailor,* los dos últimos escritos sobre el mar.

—Pues *Moby Dick: or, The Whale* es la novela más popular de Melville, la que más películas ha merecido, hasta mudas, y la que conoce todo el mundo. Sal a la calle y pregunta qué es Moby-Dick y verás. Es más conocida esta ballena que la chata. A Herman Melville le encantaba el mar, y lo explica al principio de su novela por boca del protagonista: *"Call me Ishmael. Some years ago … having little or no money in my purse, and nothing particular to interest me on shore, I thought I would sail about a little and see the watery part of the world. It is a way I have of driving off the spleen and regulating the circulation. Whenever I find myself growing grim about the mouth; whenever it is a damp, drizzly November in my soul (…) then, I account it high time to get to sea as soon as I can. This is my substitute for pistol and ball"*. Lo dice todo. Ese "Call me Ishmael" se considera uno de los mejores principios de novela de todos los tiempos.

—Cierto. Pero no la he leído y sin embargo sé de qué va: Ishmael se embarca en un ballenero capitaneado por Ahab que busca venganza contra Moby Dick, gigantesca ballena que le arrancó una pierna en un viaje anterior. La locura de Ahab los lleva a todos a una peligrosa persecución de venganza sobre la ballena que encarna lo indomable de la naturaleza. Al final el capitán pierde la vida y Moby Dick embiste al barco y lo hunde.

—Definitivamente no la voy a leer —sentencia Celia—. No me atrae el tema. Quizá vea alguna de las películas y, prometo que me acercaré a una de las tres narraciones que recomiendas.

Quizá no debiera haber desanimado a Celia, especialmente porque, por supuesto, Moby-Dick es una gran novela universal.

George Eliot (Mary Ann Evans)

Celia viene agitada y me pregunta de improviso:

—¿Qué tipo de programa llevas? Veo que mezclas a hombres con mujeres, a ingleses con americanos. ¿Llevas una pauta preestablecida o hablamos al azar, a la buena de Dios?

—No te has fijado, pero empleo un orden cronológico de nacimiento. Todos los autores de los qué hablamos escriben en inglés y tienen una fecha de nacimiento. Este sistema no es católico, pero tampoco lo es nuestra forma de abordarlos y hablar de ellos. ¿Te parece mal?

—No —responde— pero el Whatsapp comunicándome que hoy toca George Eliot (1819-1880) me ha sorprendido, después de Melville. Me alegra saber que llevas un método. Dime de George Eliot.

—Mary Ann Evans fue una de las escritoras más influyentes de la época victoriana que tuvo que publicar con el nombre de George Eliot. Eso era lo suyo entonces, como las hermanas Brontë y nuestra Cecilia Böhl de Faber, Fernán Caballero, y tantas otras. Y, sin embargo, en 1851, fue editora de la Revista *The Westminster Review,* y se relacionó con los intelectuales de entonces.

—¿Estudió en alguna universidad?

—No, pero recibió una educación poco usual para una mujer de su tiempo. Su acceso a la biblioteca familiar, muy extensa, le permitió adquirir una cultura precoz y completa.

—¿Sólo se dedicaba a leer y estudiar?

—No, no, porque al morir su madre asumió las responsabilidades domésticas, aunque continuaba estudiando de forma autodidacta. Y cuando estaba con *The Westminster*

Review conoció al filósofo George Henry Lewes (1817-1878), casado, pero con quien inició una relación amorosa, con gran escándalo de la sociedad bien, pero que a ella le traía al pairo.

—¿Escribió mucho? —pregunta Celia.

—*Adam Bede* (1859); *The Mill on the Floss* (1860); *Silas Marner* (1861) y *Middlemarch* (1871-72), considerada su obra maestra, un retrato épico de la vida provinciana inglesa, el matrimonio y las ambiciones frustradas.

—¿Cuál me recomiendas?

—Sólo leí *The Mill on the Floss* en la universidad. No se puede leer todo porque el tiempo es limitado. Recuerdo que me gustó.

—¿De qué va?

—Es una historia semi–autobiográfica sobre Maggie Tulliver, una joven que desafía las expectativas familiares.

—Una rebelde, en suma.

—Correcto. En su tiempo, su vida personal fue objeto de críticas, pero hoy se la reconoce como una pionera en el desafío de las convenciones sociales, tanto en su vida como en su literatura. Virginia Woolf, nada menos, la elogió por su capacidad de explorar la conciencia humana.

—Mira lo que dice el preámbulo de *Project Gutenberg* sobre esta novela —y lee—: "'The Mill on the Floss' by George Eliot...The story revolves around the lives of siblings Tom and Maggie Tulliver, exploring themes of family dynamics, social expectations, and personal ambition. As they grow up in a rural English setting by the River Floss, their differing personalities and aspirations set the stage for conflict and self-discovery". Me gusta. Definitivamente la leo.

Celia está interesada, como yo, en personajes que desafían las ataduras sociales y políticas. Creo que me zambulliré en otra de las novelas de Eliot.

—Antes de que te vayas quiero apuntar que conscientemente, George Eliot no era feminista, pero escribió "The education of women should be like that of men, and the erroneous idea that women have a different kind of mind has been fatal to the development of their intelligence". Su literatura trasciende su época gracias a su universalidad y profundidad. Sus novelas son estudios sobre la condición humana, donde coexisten virtudes y defectos. Mary Ann Evans pertenece a los clásicos de la literatura universal.

Matthew Arnold

En cualquier tipo de estudio, no nos podemos dejar llevar por nuestros gustos particulares o nuestras manías personales. Éste es el caso de Matthew Arnold (1822-1888) de quien tengo que tratar con Celia pero que no me apetece. No me dice nada y nunca me ha atraído, sin embargo, es un personaje importante e influyente en la literatura en lengua inglesa. Le he mandado a Celia por correo electrónico el final de *Dover Beach, de su The Study of Poetry* (1880), para que lo lea y estudie:

Ah, love, let us be true
To one another! For the world, which seems
To lie before us like a land of dreams,
So various, so beautiful, so new,

Hath really neither joy, nor love, nor light,
Nor certitude, nor peace, nor help for pain;
And we are here as on a darkling plain
Swept with confused alarms of struggle and flight,
Where ignorant armies clash by night.

Celia llega unos minutos tarde con cara seria.

—He leído lo que me has mandado de su poema e investigado sobre Arnold —dice, con tono serio—. He podido leer el poema completo en *The Penguin Book of English Verse* que me prestaste. Y rebuscando me entero de que explora temas como la melancolía, la pérdida de fe religiosa en la era industrial y la búsqueda de significado en un mundo cambiante, de crisis espiritual en su tiempo.

—Vaya, gracias por indagar tan a fondo.

—Esta poesía está bien escrita y, leyéndola varias veces, resuena, pero hay que hacer un esfuerzo.

—Quizá esa ese el problema. Cuando se le exige al lector un esfuerzo intelectual importante y atención plena, el gozo de la lectura desaparece. La obra de Arnold, tanto poética como crítica, sigue siendo importante por su profundidad y su toque de atención en tiempos de incertidumbre.

—He encontrado esta cita que me parece interesante: "Poetry is at bottom a criticism of life; the greatness of a poet lies in his powerful and beautiful application of ideas to life – to the question: How to live".

—Estupenda cita —exclamo— que nos retrotrae a la de Jorge Santayana: "The sole purpose in possessing great Works of literature lies in what they can help us to become" que jamás me canso de repetir.

—Confieso —dice Celia— que este hombre me ha entristecido y no sabría decirte por qué.

—¡No será para tanto, que la literatura está para darnos gozo y alegría, no para entristecernos!

—Hoy no es mi día. Ya te contaré. —Y sale dando un portazo.

Wilkie Collins

(Escrito por Celia): "Ayer me marché decepcionada, después de la clase sobre Matthew Arnold. No sé exactamente por qué. Supongo que debido a la mala racha personal que estoy pasando estos días. No le he mencionado nada y quizá no lo haga. Ya veré. Me ha dicho por Whatsapp que Wilkie Collins (1824-1889) es nuestro autor para la semana que viene. Voy a rebuscar a ver qué encuentro de él. Sí recuerdo que leí, en versión abreviada, *The Woman in White,* en el colegio, de la cual el *Project Gutenberg* dice, y resumo, que *Walter Hartright, a drawing teacher, develops the novel which delves into mystery, suspense, and the complexities of human relationships, centering around a mysterious woman in white he encounters. This meeting sparks questions not only about her identity but also the circumstances that led her to be alone on a dark road. It is revealed that she has escaped from an asylum, which heightens the intrigue surrounding her character. Walter is invited to Limmeridge House to teach drawing to two young ladies, setting the stage for a tangled web of relationships and a haunting story of secrets waiting to be unraveled. The combination of gothic elements and the portrayal of societal norms of the time promise a gripping narrative.* Recuerdo muy bien la novela que me encantó porque impone un ambiente agorero, con escenas de desolación, depresión, horror y misterio. Casi una novela gótica. Wilkie Collins fue novelista y dramaturgo británico, pionero de la novela de misterio y suspense. Tiene dos novelas famosas, *The Woman in White*, 1860, y *Moonstone*, 1868, que combinan intriga y realismo social. Fue muy amigo de, y colaboró con, Charles Dickens, que dirigía la revista *Household Words,* donde publicó *The Woman in White*. El comienzo de la novelas es sensacional y nos lleva al centro de lo misterioso: *I had now arrived at that particular point of my walk where four roads met […] and was strolling along the lonely high-road—idly wondering […] what the Cumberland young ladies would look like—when, in one moment, every drop of blood in my body was brought to a stop by the touch of a hand laid lightly and suddenly on my shoulder from behind me. I turned on the instant, with my fingers tightening round the handle of my stick. There, in the middle of the broad bright high-road—there, as if it had that moment sprung out of the earth or dropped from the heaven—stood the figure of a solitary woman, dressed from head to foot in white garments, her face bent in grave inquiry on mine, her hand pointing to the dark cloud over London...* Este encuentro se me grabó en la memoria cuando lo leí y todavía me pone los pelos de punta. Leeré algunos capítulos del original. Haré ese esfuerzo y quizá me aparte de los nubarrones personales que me persiguen. No sé si podré superar el bache. Dios dirá".

George Meredith

Hoy me levanto con el pie izquierdo y leo el correo electrónico de Celia sobre Wilkie Collins que me parece bien. Cuando venga abordaremos a George Meredith (1828-1909) que es un perfecto desconocido en España. En el mundo anglosajón "culto" se le recuerda. Pero aquí entra Celia, muy seria, como últimamente.

—¿Todo bien? —pregunto.

—Sí, todo magnífico. ¿De quién hablamos hoy?

—Pasemos de puntillas por George Meredith.

—¿De puntillas? —pregunta.

—Meredith es una figura clave de la literatura victoriana y debemos mencionarlo. A los cinco años perdió a su madre, y su padre, sastre, le prestó poca atención. En Alemania absorbió ideas liberales que después trasladó a sus obras. Su primera esposa le abandonó en 1858, cuando tenía treinta.

—¿Y eso? ¿Por qué razón? —pregunta Celia muy interesada.

—Vete a saber. Lo importante es que Meredith quedó traumatizado y dio como resultado el poema *Modern Love*.

—¿Pero por qué le abandonó su mujer? —insiste Celia.

—Vamos a indagar. Espera —abro mi portátil—. Veamos, Mary Ellen Nicolls ya había estado casada y después de nueve años abandonó a Meredith por otro, un tal Henry Wallis, pintor, con quien tuvo un hijo. Este abandono afectó mucho al escritor, como ya he dicho.

—Aburrimiento. Hastío. Problemas sexuales. Dinero. —reza en voz baja.

Me sorprende este interés, pero continúo:

—Como su estilo literario era muy intelectual y denso, quizá su personalidad era similar. Léete su poema sobre el matrimonio *Modern Love* donde en 50 sonetos explora la desintegración de un matrimonio con intensidad emocional.

—¿Su obra principal? —pregunta Celia.

—*The Egoist*, 1879, se considera su obra maestra. Comedia trágica que satiriza el egoísmo y la vanidad de la aristocracia de entonces. Sir Willoughby Patterne, es un narcisista que ve a las mujeres como extensiones de su propio honor. Meredith usa prosa rica y diálogos hirientes para exponer las contradicciones sociales. La novela destaca por su innovación: monólogos interiores y un narrador omnisciente que comenta la acción con sarcasmo. Aunque compleja, su influencia fue enorme; Virginia Woolf la elogió por *destripar el alma humana con precisión quirúrgica*. Hoy, *The Egoist* sigue siendo un estudio seminal sobre la arrogancia y la redención, aunque difícil de leer.

—Creo que voy a pasar.

—No a todo el mundo le gusta Meredith porque es difícil de leer. Ahora se requieren frases cortas y al grano. Y es que Meredith era un editor y crítico muy mordaz. *The Egoist: A Comedy in Narrative* está en el *Proyecto Gutenberg*.

—Paso. —Celia recoge sus trastos y se va sin decir adiós. Está francamente rara. Yo me quedo, pensando en las musarañas.

Louisa May Alcott

Parecerá mentira, pero recuerdo de memoria las primeras líneas de *Little Women; or, Meg, Jo, Beth, and Amy*, novela traducida al castellano como *Mujercitas*:

> *"CHRISTMAS won't be Christmas without any presents," grumbled Jo, lying on the rug.*
> *"It's so dreadful to be poor!" sighed Meg, looking down at her old dress.*
> *"I don't think it's fair for some girls to have plenty of pretty things, and other girls nothing at all", added little Amy, with an injured sniff.*
> *"We've got father and mother and each other", said Beth contentedly, from her corner.*

Espero que le guste el tema de hoy a Celia, que últimamente es muy impuntual, como hoy: Louisa May Alcott (1832-1888). Le he sacado mi ejemplar de la novela, algo gastado, que les compré a mis hijas cuando eran pequeñas, y que leyeron. Oigo que llaman a la puerta. Debe de ser Celia y le entrego el ejemplar de la novela.

—Leí una edición simplificada en inglés. Recuerda que fui a un colegio inglés ——explica, seria——. Cuéntame.

—Louisa Alcott nació en Germantown, ahora parte de Filadelfia, pero la familia se mudó a Concord, Masachusets, pronto, donde vivían Emerson y Thoreau, "trascendentalists", y tenía tres hermanas. La familia se mudó de dirección y lugar muchas veces, yendo de aquí para allá, pero eso lo puedes leer en Wackipedia. Lo importante es que ella estaba empeñada en ser escritora y lo consiguió.

47

—Cuéntame de la novela.

—*Little Women* se publicó 1868, cuando Alcott tenía ya 36 años y es semiautobiográfica que refleja las experiencias de la autora y su familia. Recordemos que las hermanas Alcott eran cuatro, como las heroínas de la historia. La protagonista es Jo y la rebelde de las cuatro. Las cuatro quedan esbozadas en las primera cinco líneas. Beth es la optimista y ve el lado bueno de las cosas.

—¿Qué recepción tuvo?

—Fue un éxito de ventas desde el principio y sigue siendo uno de los libros más leídos en los Estados Unidos.

—Supongo que, como en otros casos de escritoras, eran feministas, o por lo menos luchadoras por la igualdad.

—Tanto Louisa como Meg eran feministas, luchadoras e idealistas. Escribió frases memorables que hay que recordar:

"Women have minds and souls as well as just hearts, and they've got ambition and talent as well as just beauty. I'd rather be a free spinster and paddle my own canoe. I am not afraid of storms, for I am learning to sail my ship".

Fue un grito de libertad para generaciones de mujeres.

—Me gusta mucho. La libertad me embriaga a mí también, para mujeres y para hombres —se arranca Celia con decisión.

—Louise Alcott fue una rebelde sin causa, abolicionista, sufragista, activista, escritora profesional y… soltera. Me encanta, y voy a leer otra vez la novela, que no es simplemente para adolescentes, como se suele creer —yo también me entusiasmo.

—¿Cuándo nos reunimos de nuevo? —pregunta Celia.

—Me temo que dentro de dos semanas. Estaré de vuelta el lunes y podemos vernos el martes en el parque de Berlín, si hace bueno.

Se marcha, de nuevo sin decir adiós.

Lewis Carrol

El tiempo vuela, especialmente aquí, y nos encontramos en el Parque de Berlín, de Madrid, en un banco, porque hace un tiempo espléndido.

—Creo que íbamos a hablar de Lewis Carrol (1832-1898) hoy, el autor de *Alice in Wonderland, Alicia en el país de las maravillas.* Díme algo de él.

— ¡Claro, Celia! Carroll fue todo un personaje. Su verdadero nombre era Charles Ludwige Dodgson y nació en 1832, en Inglaterra, matemático, fotógrafo y escritor. Escribió libros sobre la lógica, poesía, además de *Alicia*.

—¿Un matemático escribió *Alice in Wonderland?* —pregunta Celia sorprendida.

—Justo por eso. Su mentalidad lógica y su interés por los juegos de palabras —*word plays*— se colaron en su ficción. Carroll inventaba acertijos —*puzzles*— y adivinanzas —*riddles*— que luego trasladaba a sus escritos, especialmente a su *Alice*.

— ¿Y cómo se le ocurrió escribir un libro así?

—Parece ser que en 1862, durante un paseo en bote con las hijas de un amigo, a Carrol se le ocurrió improvisar una historieta para una de las niñas, Alice Liddell. A la pequeña le encantó y luego Carroll la escribió. Tres años después, 1865, la obra se publicó con ilustraciones importantes.

—Entonces, ¿Alice existió en la realidad? —pregunta Celia.

—La obra es pura fantasía, pero la niña para quien Carrol escribió el cuento, es realidad. La niña Alice fue su inspiración y para quien también escribió *Las aventuras subterráneas de Alicia* o *Alice's Adventures Under Ground*, manuscrito ilustrado que regaló a la niña y que ahora está en el British Library.

Celia sonríe y dice:

—No te he dicho nada, pero he leído el libro y lo tengo en casa, en inglés y en español.

—¿Y quién no lo tiene o no lo ha leído? —exclamo.

—Ya lo suponía… Alice es más conocida que la Chata… pero, ¿por qué un conejo blanco, un gato sonriente y una Reina de Corazones?

—Todo es satírico y la reina representa la autoridad absurda, mientras que el *Mad Hatter* critica las costumbres de la época. Y en cuanto a popularidad, *Alice in Wonderland* se ha traducido a más de 100 idiomas, se han filmado innumerables películas e incluso tenemos videojuegos de ella.

—¿Qué más escribió?

—*Through the Looking Glass,* 1871; *The Hunting of the Shark,* 1876. Aparte de escribir se dedicaba a la fotografía y retrató a niños y famosos, incluso a la realeza. Dio clases en Oxford y fue diácono de la *Church of England.*

—Hemos visto que las mujeres de la época usaban seudónimos, pero Carroll era hombre, ¿porqué usó el de Lewis Carroll en vez del suyo?

—Para separar sus obras literarias de su vida académica. Lewis Carroll viene de latinizar su nombre "Charles Lutwidge" que sería "Carolus Ludovicus" o "Lewis Carroll". Otro juego de palabras.

—¿Alguna cita importante que pueda yo recordar y emplear?

—Tengo varias en mi cuaderno de citas memorables: *Who in the world am I? Ah, that's the great puzzle.* Sobre lógica dice Alice: *Sometimes I've believed as many as six impossible things before breakfast.* The Cheshire Cat le dice a Alice: *We are all mad here. I'm mad. You're mad* que resume *Wonderland* como surreal e impredecible. La lógica, la realidad, se pone patas arriba.

—Yo recuerdo el *Oh, dear, oh dear. I shall be late,* que yo repito con frecuencia.

—*If you knew time as well as I do, you wouldn't talk about wasting it. It's him.* Y terminemos con un *riddle* —acertijo— del libro: *Why is a raven like a writing desk?*

Y los dos nos quedamos callados, en silencio, como cuáqueros *in a meeting house.*

Mark Twain

—Celia, hoy vamos tratar de uno de los más grande y famosos escritores norteamericanos: Mark Twain (1835-1910) —le digo a manera de saludo.

51

—Cruzamos el charco otra vez. Sí, leí una versión abreviada de *The Adventures of Tom Sawyer,* en inglés que, francamente, me resultó difícil por el lenguaje. Pero dime algo de Mark Twain.

—Creo que es la más famosa de sus obras, que leímos en Freshman English, en Duquesne University. Su verdadero nombre era Samuel Langhorne Clemens, nació en Misuri y se crio en Hannibal, un pueblo en el río Mississippi que le inspiró muchas de sus obras y por lo cual los ríos y las aventuras son los temas recurrentes de casi todos sus libros. *The Adventures of Tom Sawyer* (1876) y *The Adventures of Huckleberry Finn* (1885) tienen el río Mississippi como telón de fondo. La segunda trata de racismo y libertad, temas vistos por un jovencito.

—Creo que *Huckleberry Finn* se considera una de las mejores novelas americanas. ¿Por qué?

—Yo diría que rompió esquemas de la época. Criticó con humor la sociedad de entonces, especialmente la esclavitud. Trató de demostrar la humanidad y dignidad de los negros por medio de la amistad de un joven blanco, Huck, y un negro, Jim.

—Espera que mire con lo que dice *Project Gutenberg* de la novela. Dice: *The book explores the adventures of a young boy named Huckleberry Finn as he grapples with themes of freedom, morality, and societal expectations against the backdrop of the pre-Civil War American South. The narrative takes place as Huck escapes his restrictive life and embarks on a journey down the Mississippi River, where he encounters various characters that challenge his understanding of right and wrong.*

—Correcto. No tenemos excusa para no leer la novela en el original. Me encanta el *Proyecto Gutenberg*. Mira, mira, las primera líneas nos revelan el tipo de lenguaje de la novela: *You don't know about me without you have read a book by the name of The Adventures of Tom Sawyer; but that ain't no matter. That book was made by Mr. Mark Twain, and he told the truth, mainly. There was things which he stretched, but mainly he told the truth.*

—Creo que el lenguaje es la parte más complicada de la novela y que refleja, supongo, el habla cotidiana. ¿Cómo serán las traducciones?

—Un pálido reflejo de la realidad. Pero nosotros no leemos traducciones —pontifico con una miaja de pedantismo.

—¿Qué más escribió?

—*The Innocents Abroad,* libro de viajes, y ensayos y sátiras como *The Mysterious Stranger.* Tenía una pluma afilada y un sentido del humor socarrón y punzante. En una ocasión un lechuguino escritorzuelo se pavoneaba de su talento en una reunión. Mark Twain le dijo que él, de joven era como el jovenzuelo, así de insufrible. No tenía pelos en la lengua y le encantaba contar chistes a pesar de que su vida privada no fue un camino de rosas. Tuvo problemas económicos y tragedias familiares. Murieron su mujer y tres de sus hijos. Ahí es nada. Falleció en 1910 pero su legado literario sigue muy vivo, especialmente en los Estados Unidos, donde se le adora.

—¿Alguna frase célebre?

—Muchas, muchísimas, pero la que más me atrae es: *The secret of getting ahead is getting started* y supongo que porque soy un procrastinador nato.

— ¡Correcto! —sentencia Celia—. Pero, ¿sabes lo del seudónimo? Al ser hombre, ¿por qué?

—En este caso parece ser que como criticaba mucho, el seudónimo le protegía en su vida privada cotidiana. Utilizó varios en su carrera literaria. *But that aint no matter!* Y la semana que viene volvemos a cruzar el charco para husmear la vida y obra de Samuel Butler.

Samuel Butler

He citado a Celia en la Biblioteca Nacional a la que podemos acceder porque los dos tenemos carnet de investigador. Encontraremos un rincón donde podamos charlas en voz queda.

—Hace tiempo que te noto diferente —le susurro— y seria, cambiada. ¿Hay algo que me quieras contar?

Baja los ojos y explica:

—Sí, hay algo, pero mejor dejarlo para el final, para cuando hayamos charlado sobre Samuel Butler (1835-1902) porque si no tendré que marcharme antes.

—Como quieras —digo—. He dado en el clavo. Algo hay que preocupa a esta chica. Butler estudió lenguas clásicas en la Universidad de Cambridge. Produjo traducciones de *La Ilíada* y la *Odisea* que todavía se consultan. En una especie de crisis religiosa, se embarcó hacia Nueva Zelanda.

—Tengo entendido que eso de ir a Nueva Zelanda o Australia era lo normal entre la juventud británica de la época, como los españoles hacían las Américas.

—Correcto. Volvió a Inglaterra en 1864 con copiosas notas y esbozos de la novela que le hizo famoso *Erewhon*, novela utópica que publicó en 1872, que le hizo famoso por sus méritos literarios, pero escribió mucho más, aparte de las famosas traducciones.

—Dime algo de *Erewhon*.

—El título significa "nowhere", si lo lees al revés. Obra satírica de ficción utópica. Trata de un viajero que descubre una ignota tierra llamada *Erewhon, "nowhere",* que aparentemente es una utopía pero que en el fondo es una sátira de costumbres y leyes.

—¿En qué sentido?

—Por ejemplo: la enfermedad se considera un crimen y el crimen se considera una enfermedad. Han abolido las máquinas y los inventos por si estos se convierten en un peligro, como ahora se debate sobre la Inteligencia Artificial. Hay una especie de religión que venera el concepto de Hipocresía como virtud. Butler usa la novela para burlarse de la sociedad victoriana, con una mirada escéptica hacia la religión organizada, la literatura utópica.

—¿De dónde has sacado todo eso?

—Leí la novela hace años y aún tengo el ejemplar, repleto de notas de todos los colores. Tomo notas de mis lecturas siempre y entresaco citas para posteriores revisiones. Así sé qué opinión tenía en un momento dado —le explico—. *The Way of All Flesh* es una novela semiautobiográfica que se publicó en 1903, después de su muerte. Se trata de la vida de Ernest Pontifex, joven que proviene de una familia ultra religiosa que gradualmente se libra de la hipocresía y la beatería de su entorno. Toma los hábitos para luego perder la fe y llevar una vida más libre intelectual y religiosa.

—No creo que este tipo de literatura, que abundaba mucho, creo, sea para mí —exclama Celia—. Gracias. Ya sé bastante de Samuel Butler. ¿Nos vamos?

—¿Me cuentas? —le pregunto volviendo al principio.

—Cuando volví de Pensilvania no te comenté que me casé en Pittsburgh, con un chico de la Carnegie–Mellon University.

—¿Qué dices? —exclamo casi gritando—. ¡No puede ser! *You are a figment of my imagination!* —grito indignado.

—Chitón, que nos van a oír. Baja la voz. Calma. Me voy y ya te lo contaré el próximo día.

Henry Adams

Mira por dónde, Celia aparece hoy con una amiga, Cindy, que ha venido a Madrid a practicar el castellano. Sé que la ha traído adrede, para no hablar de su "supuesto" matrimonio. Voy a tener que esperar. Me paso el tiempo esperando.

—Me dijiste que hoy toca Henry Adams (1838-1918), pero rebuscando veo que no fue literato. ¿A qué se debe esta elección?

—A que fue una figura importante en la cultura de los Estados Unidos. Escribió *A History of the United States of America* en nueve volúmenes que marcó la diferencia y que se parece a la monumental *Historia general de España* en seis tomos y treinta volúmenes de Modesto Lafuente.

—Recuerdo que tratamos de otro historiador, William Prescott en *Literatura en lengua inglesa I*.

—Sí. Creo que estos historiadores hacían literatura también. Esta gente estaba hecha de otra pasta, francamente. Acompañó a su padre, embajador de Lincoln en Londres, y fue profesor de historia medieval en Harvard.

—¿De otra pasta? —pregunta Celia.

—Con escasos medios tecnológicos, eran capaces de conseguir metas casi inauditas. Escribió y publicó de manera anónima *The Education of Henry Adams* aclamada y considerada de gran valor, hasta el punto de que ganó, ya fallecido Adams, en 1919, el Premio Pulitzer. El principio de esta obra no puede ser peor: *"Under the shadow of Boston State House, turning its back on the house of John Hancock, the little passage called Hancock Avenue runs, or ran, from Beacon Street, skirting the State House grounds, to Mount Vernon Street, on the summit of Beacon Hill; and there, in the third house below Mount Vernon Place, February 16, 1838, a child was born…"*.

—Como para continuar leyendo —dice Celia con una sonrisa.

Cindy comenta que nunca había oído hablar de Henry Adams y yo, poniendo los ojos en blanco, murmuro: *O tempora, o mores.*

—Por cierto, que su mujer se suicidó. No todo fue *fun and games* o *beer and skittles* en su vida.

—Todos llevamos nuestra cruz —sentencia Celia bajando la mirada.

—Pues, nada. No podía pasar por alto esta figura tan importante en la política de los Estados Unidos.

Y las dos jóvenes se van escaleras abajo, charlando en inglés. Y yo me quedo reflexionando si las palabras famosas de Henry Adams tienen sentido hoy: "A teacher affects eternity; he can never tell where his influence stops" que escribió en su *The Education of Henry Adams*.

Thomas Hardy

Volvemos al Reino Unido de nuevo con Thomas Hardy (1840-1928). Por desgracia, Celia aparece con Cindy otra vez. Está claro que se escuda en ella para no entrar en el asunto del matrimonio y sus cambios de humor.

—¿Por qué es importante Thomas Hardy? —pregunta Celia—. Cindy nunca ha oído hablar de él.

—Creo que Hardy es un puente entre el siglo XIX y el XX. Novelista, poeta, crítico mordaz de los victorianos. Nació en 1840 en Dorset y estudió arquitectura pero las musas le llamaron por otros derroteros. Su primera novela, *The Poor Man and the Lady*, de 1867, fue mal recibida por radical y mordaz en su crítica social.

—¿No ejerció como arquitecto?

—Sí, y diseñó tumbas e iglesias antes de alcanzar la fama literaria.

—Dinos algo de sus libros más famosos.

—*Tess of the d'Urbervilles*, de 1891, y *Jude the Obscure*, 1895, causaron furor. El primero denuncia la hipocresía sexual por medio de una "mujer caída". El matrimonio y la educación clasista son los temas del segundo.

—Los victorianos eran muy suyos.

—Sí, pero también gustaban de literatura pornográfica y obscena. Pero el pobre de Hardy, ante las críticas, abandonó las novelas y se dedicó a la poesía.

—Hardy, influenciado por Darwin y Schopenhauer, veía el universo como indiferente y frío. Tal como lo es. Me atrevo a decir. En *Jude the Obscure* explica que: "The world does not despise us; it only neglects us".

—"The chill of the universe" que nos decía Bertrand Russell —comenta Celia, mientras Cindy permanece callada, tomando notas.

—Sí, y Hardy también habló de "The struggle of man against the indifference of Nature".

—¿Tuvo su literature repercusiones?

—Influyó en, por ejemplo, D. H. Lawrence, en Virginia Woolf, que le llamó, por su profundidad, el mejor novelista inglés. Y luego el cine. Polanski adaptó *Tess* en 1979; *Far from the Maddening Crowd* tiene varias versions cinematográficas.

—¿Y su poesía?

—Tras la muerte de su mujer, Emma, escribió *The Voice*:

Woman much missed, how you call to me, call to me,
Saying that now you are not as you were
When you had changed from the one who was all to me,
But as at first, when our day was fair.
Can it be you that I hear? Let me view you, then,
Standing as when I drew near to the town
Where you would wait for me: yes, as I knew you then,
Even to the original air-blue gown!

Thus I; faltering forward,
Leaves around me falling,
Wind oozing thin through the thorn from norward,
And the woman calling.

—Me gusta, gracias.

—Un ligero pesimismo sobre la naturaleza humana y la felicidad cubre su obra y nos dijo: "Happiness was but the occasional episode in a general drama of pain", en *The Mayor of Casterbridge.*

—"A general drama of pain…" parece que me describe.

—suspira Celia.

No respondo y las veo marchar a las dos, esta vez en silencio, como ensimismadas.

William James

Siempre me ha fascinado William James (1842-1910). Leamos lo que leamos, estudiemos lo que estudiemos, su nombre siempre aparece. Leí su *Varieties of Religious Experience,* 1902, un verano, hace muchos años, y tomé copiosas notas que aún conservo en un cuadernito negro. Por este motivo lo incluyo en este librito y además porque sería imperdonable pasarse por alto a una de las figuras más influyentes del pensamiento norteamericano: profesor, psicólogo, filósofo, padre de la psicología americana y voz fundamental del pragmatismo filosófico. Estudió medicina y psicología en Harvard, donde fue profesor de anatomía, psicología y finalmente de filosofía.

William James sufrió episodios de depresión y crisis existenciales profundas, atrapado entre pasiones intelectuales muy diversas y una salud mental frágil. En su juventud padeció una profunda crisis existencial durante la cual no encontraba sentido a nada, Antonio Damasio nos dice en su *Looking for Spinoza* que James "James devided human beings into two kinds: those with cheerful souls and those with sick souls". Los de alma alegre *(cheerful souls)* no ven el lado oscuro de la vida y de la mente, los horrores de la naturaleza, lo negativo de la existencia. Los que tenemos "sick souls" lo vemos todo negro. William James era "a sick soul," por desgracia para él.

En 1890 publicó *The Principles of Psychology* donde sienta las bases de la psicología como ciencia e introduce conceptos como *stream of consciousness,* o atención selectiva. *Varieties of Religious Experience,* 1902, estudia la experiencia religiosa desde un punto de vista psicológico, en defensa de la fe individual, de la creencia como fenómeno humano legítimo por medio de la fe, sin pruebas objetivas. Pone a los cuáqueros por las nubes, por cierto. *Pragmatism,* 1907, es posiblemente su obra más influyente donde expone su versión del pragmatismo como algo que funciona, que produce resultados satisfactorios en la experiencia. El resultado de cualquier idea se encuentra en sus consecuencias prácticas. "The pragmatic method... is to try to interpret each notion by tracing its respective practical consequences". En *The Will to Believe,* 1897, explica que las creencias tienen implicaciones prácticas en la vida real.

William James era tan práctico, tan americano, que en su *Dilemma of Determinism,* 1884, dijo: "My first act of free will shall be to believe in free will" (Mi primer acto de libre albedrío será creer en el libre albedrío).

Tenía gran respeto por la experiencia ajena, que se refleja en su enfoque psicológico y religioso: jamás ridiculizaba lo que otros sinceramente sentían o creían.

Cuando falleció, encontraron en su escribanía un papel donde había escrito: "There is no conclusion… There are no fortunes to be told and there is no advice to be given. Farewell".

No he convocado a Celia porque no he creído que le pudiera interesar William James.

Henry James

Hoy Celia ha venido sola a nuestra reunión. Quizá desvelemos el problema de sus cambios de humor y del matrimonio que mencionó.

—Veo que has escrito sobre William James, a pesar de que no era literato. Quizá podamos adentrarnos en su hermano, Henry James (1843-1916), que sí fue novelista. ¿Te apetece? —pregunta Celia—. Tendremos que dejar los asuntos personales para el fin de la clase, pienso yo. Y le pregunto:

—¿A que no sabías que es uno de los grandes maestros de la novela psicológica? Sus frases interminables son un reto, pero su manera de explorar la mente es fascinante. Muchos le consideran uno de los grandes novelistas en lengua inglesa.

—Nació en Nueva York, pero se mudó a Inglaterra casi para siempre. ¿Se sabe por qué? ¿No echaba de menos los Estados Unidos? —pregunta Celia.

—Henry fue siempre cosmopolita desde que su familia viajara mucho por Europa y en Inglaterra encontró el ambiente literario que admiraba. Se nacionalizó británico en 1915 como protesta por la neutralidad americana en la Primera Guerra Mundial. Su hermano James viajaba al Reino Unido y daba conferencias allí.

—¿Qué tal era la relación de los hermanos?

—Parece ser que intensa. William era más práctico, como apunté en el pequeño en sayo sobre él más arriba, mientras que Henry era el artista, el literato. Se ha dicho que William escribía filosofía como literatura y Henry literatura como filosofía, o algo por el estilo. Cuando Henry enfermó en sus últimos años, William viajó a Europa para cuidarlo y estar con él.

—¿Qué has leído de Henry James? —pregunta Celia.

—No mucho: *The Europeans,* 1878, donde los hermanos europeos, sofisticados y cínicos, visitan a sus primos americanos puritanos en Massachusetts. Juega aquí James con el choque cultural. Es una novela muy entretenida y divertida, una sátira ligera sobre el contraste entre la frescura americana y el cinismo europeo. Te la recomiendo. *The Turn of the Screw,* la ambigüedad sobre si los fantasmas son reales o producto de la mente de la institutriz. ¿Son o no *a figment of the imagination?* James nunca lo aclaró. Es una verdadera *ghost story,* novela gótica, la más famosa en lengua inglesa, adaptada muchas veces al cine y la televisión. Para darte una idea, la novelita comienza así:

"The story had held us, round the fire, sufficiently breathless, but except the obvious remark that it was gruesome, as, on Christmas Eve in an old house, a strange tale should essentially be, I remember no comment uttered till somebody happened to say that it was the only case he had met in which such a visitation had fallen on a child. The case, I may mention, was that of an apparition in just such an old house as had gathered us for the occasion —an appearance, of a dreadful kind, to a little boy sleeping in the room with his mother and waking her up in the terror of it...".

—Pone los pelos de punta, pero vaya con lo del *figment of the imagination*. Sobre eso tenemos tú y yo algo pendiente —Celia exclama con seriedad.

Prosigo sin responder.

—*The American*, 1877, es más dramática. Christopher Newman es el prototipo de "buen salvaje" americano que choca con la aristocracia francesa corrupta. Fue su primer gran éxito. La historia de un hombre que idealiza a Europa y resulta destruido.

—Seguro que en Wackipedia encontraré más.

—Apuesto a que te explica algo sobre *Washington Square*, de la que hicieron una gran película, *The Heiress, La heredera*, con Olivia de Havilland y Montgomery Clift, en 1949. Pero *Project Gutenberg* te da más, mucho más, y gratis. Mientras tanto, Celia, "Try to be one of those on whom nothing is lost" (*The Art of Fiction*, 1884).

Y Celia sale como una bala y me deja con la palabra en la boca.

Gilbert y Sullivan

Para que no podamos levantar la voz ninguno de los dos, he convocado a Celia en la Biblioteca Nacional, en lugar cercano a las revistas, y donde no puede entrar su amiga Cindy. Mientras enciendo el ordenador y ordeno mi documentación, le digo:

—No es posible que te hayas casado, así por las buenas, sin yo saberlo simplemente porque no tienes libre albedrío y eres, en realidad, producto de mi imaginación.

—¿Es mi amiga Cindy producto de tu imaginación, o de la mía? —me replica airada—. ¿Es tu ama de llaves, cuya existencia tú niegas, cosas de mi imaginación? —replica entre dientes.

Como esto no nos va a llevar a ninguna parte, zanjo la cuestión:

—Hablemos de Gilbert y Sullivan, que colaboraron para hacer la ópera cómica moderna en el Teatro Savoy de Londres con gran éxito. William S. Gilbert (1836-1911) era el libretista y Arthur Sullivan (1844-1900) el músico. Dieron los dos un giro de originalidad al teatro, que con sus farsas desarrollaron la comedia burlesca. En *The Palace of Truth,* 1870, cada personaje goza de la libertad para decir siempre lo que piensa y le apetece, lo cual da pie a situaciones bufas muy graciosas. Este tipo de teatro influyó en Bernard Saw más tarde, y nos recuerda a muchas de nuestras zarzuelas.

—He oído eso de *Gilbert and Sullivan,* siempre juntos, Es más, creo recordar que Dale Carnegie los menciona por su famosa desavenencia por una alfombra o algo así, que rompió su amistad.

—En *How to Stop Worrying and Start Living,* he mentions them and says: "*They knew how to create gay words and gay music, but they knew distressingly little about how to create gaiety in their lives*". Y nos explica la estúpida pelea sobre el precio de una alfombra que arruinó su amistad y cooperación, que tan fructífera había sido.

—Me tengo que ir porque he quedado con Cindy —explica Celia—. Por cierto, que el meollo del asunto es que mi marido se ha marchado; ha vuelto a los Estados Unidos.

Como siempre, sale escopetada sin esperar respuesta mía. Y me quedo solo, en la sala, ante el ordenador.

Bram Stoker

—Celia, el cuarto volumen de mi gramática *English in Action* es una crestomatía de la lengua inglesa donde tengo un capítulo dedicado a *Dracula.* Esta novela de Abraham "Bram" Stoker (1847-1912), es la que comenzó la saga del vampiro Conde Dracula, sobre el cual, y basándose en esta narración, se han hecho innumerables películas. Ninguna está a la altura de lo escrito por Stoker.

—He visto varias películas sobre Drácula, pero no he leído la novela.

—Leela y verás como se te ponen los pelos de punta. La novela comienza con el diario de Jonathan Harker que viaja a Transilvania con unos contratos que debe firmar el Conde Dracula. Mr. Harker relata el viaje fantasmagórico en tren y diligencia, y su encuentro con el conde:

"I said interrogatively: 'Count Dracula?' He bowed in a courtly way as he replied: and holding out his hand grasped mine with a strength which made me wince, an effect which was not lessened by the fact that it seemed as cold as ice, more like the hand of a dead than a living man. Again, he said: 'Welcome to my house. Come freely. Go safely; and leave something of the happiness you bring!'".

Pero no, Jonathan Harker, el pobre pasante, no sale del castillo.

—La leeré. Supongo que la puedo descargar del *Project Gutenberg*. Pero, ¿qué sabemos de Stoker?

—Nacido en Dublín, destacó como atleta en la universidad y luego trabajó como gerente del actor Henry Irving, lo que le permitió viajar mucho. Se inspiró en leyendas vampíricas, especialmente en la de Vlad Draculea, supuesto predecesor. La novela se convirtió en un clásico de la literatura gótica y sentó las bases del vampiro de nuestros días. Stoker nunca visitó Transilvania ni Rumanía y jamás pudo suponer el impacto y fama de su escrito. Repito que nada mejora la novela y hay que leerla.

Oigo trajín en la cocina, pero no digo nada porque no quiero que Celia me hable de la supuesta ama de llaves que dice que tengo.

Lafcadio Hearn

Radi Slavoff, Joan Veleff y yo, entonces todavía *sophomore* en la universidad y el más joven de los tres, nos reuníamos de cuando en cuando para charlar de literatura y de lo que estábamos leyendo. Un día Joan, preparando un Master en la entonces Carnegie Tech, ahora Carnegie–Mellon University, nos contó que había descubierto a un raro escritor, muy poco conocido, pero que le encantaba: Lafcadio Hearn (1840-1904). Nos pusimos a indagar sobre su vida y obra.

—Pues cuéntame —me emplaza Celia.

—No pertenece a la literatura norteamericana ni tampoco a la británica. Lafcadio Hearn encaja en la "literatura en lengua inglesa". Nacido en Grecia de madre griega y padre británico, tuvo una niñez dickensiana, a lo Oliver Twist, de cambios de residencia, abandonos familiares, con una parentela de padre, madre, tías y demás, que hay que leerlo para creerlo.

—Lafcadio fue víctima inocentísima de parentela sin escrúpulos y vivalavirgen. Tengo experiencia con este tipo de personajes —explica Celia con cierta vehemencia.

—Lafcadio emigró a los Estados Unidos, donde las pasó canutas, leyó y estudió todo lo que pudo y trabajó como periodista, se casó con una joven negra, antigua esclava, a pesar de que la ley de Ohio lo prohibía. Acabaron divorciándose. Tuvo una vida compleja y difícil muy bien descrita en la biografía en dos volúmenes de Elizabeth Bisland, *The Life and Letters of Lafcadio Hearn,* 1906, que, qué casualidad, se encuentra en el *Project Gutenberg* para el deleite de aquellos que quieran bucear en su vida.

—Pues yo nada sabía de él. Nada en absoluto —dice Celia con incredulidad.

—Recuerda que, parafraseando a Ortega, el horizonte de nuestra literatura no es el horizonte de la literatura. El caso es que después de muchas vueltas acabó en el

Japón, como corresponsal en 1890. Recuerda que el almirante Matthew Perry abrió el Japón a occidente en 1853. Hay otra biografía, de 1908, *Concerning Lafcadio Hearn,* de George Gould —también en *Gutenberg*— que demuestra el interés que había por el escritor y su vida.

—¿Y escribió sobre el Japón?

—Uno de sus más interesantes libros sobre el Japón es *Glimpses of Unfamiliar Japan: Second Series,* 1895, que es una especie de exploración cultural con profundas observaciones sobre las costumbres, belleza, y manera de ser de un país desconocido en occidente. Sigue siendo una lectura interesantísima y fascinante. El Japón del siglo xix visto por un escritor occidental del siglo xix.

—¿Volvió a occidente?

—Se casó, tuvo cuatro hijos, se naturalizó japonés, se convirtió al budismo, y allí murió, feliz y contento. Era bajito y en el Japón perdió su complejo de estatura: *"Elfish everything seems; for everything as well as everybody is small, and queer, and mysterious: the little houses under their blue roofs, the little shop-fronts hung with blue, and the smiling little people in their blue costumes. The illusion is only broken by the occasional passing of a tall foreigner..."* Había encontrado su hogar. Un final feliz.

—Voy a leer a Lafcadio Hearn. Me cae bien.

—Les cae bien a los japoneses también, que han hecho películas y televisión sobre él y su literatura. Tiene un Museo en Tokyo, nada menos, y otro en Grecia. Por cierto, Jorge Luis Borges le admiraba. Por una vez, y que no sirva de precedente, te recomiendo que leas el artículo sobre *Lafcadio Hearn* en Wickipedia (sic). Y lee *Kokoro: Hints and Echoes of Japanese Inner Life,* 1895.

—*Sayonara. Arigato* —dice Celia.

Y yo le hago una especie de reverencia a la japonesa.

Robert Louis Stevenson

Como ha llegado la primavera, hemos decidido charlar de Robert Louis Stevenson (1850-1894) en el Campo del Moro, que es, posiblemente, el lugar más tranquilo de Madrid.

—¿Quién no ha oído hablar, por lo menos hablar, de *Treasure Island* y de *The Strange Case of Dr. Jekyll and Mr. Hide?* —pregunta Celia.

—No creas, que hay mucho despistado por ahí —respondo—. Se han producido películas de las dos novelas, versiones infantiles, traducidas a todos los idiomas importantes. Stevenson, escocés de nacimiento, es tan conocido como Dickens. Yo creo que estas novelas que he mencionado son *household words* en el mundo.

—Refréscame la memoria —me pide Celia.

—La Introdución de *Gutenberg* lo explica bien, y lo condenso así: "*Jim Hawkins, discovers a treasure map that sets off a thrilling quest for buried pirate treasure. A cast of vivid characters, including the infamous Long John Silver, complicates his journey and adds tension to the tale. The arrival of a mysterious seaman sets the stage for subsequent events, particularly when Jim discovers the treasure map amidst the captain's possessions. This discovery triggers adventures involving pirates, seafaring lore, and the foreboding presence of old sea-dogs, as Jim's initial foray into adulthood becomes a perilous adventure filled with danger and excitement. The first chapters create a moody and suspenseful atmosphere that hooks readers into joining Jim on his journey".*

—Exacto. Eso es lo que recuerdo, y es cierto que la narración engancha desde el principio —afirma la alumna.

—Y luego tenemos la terrorífica historia del *Dr. Jekyll*, donde el abogado Mr. Utterson investiga la relación de su amigo el Dr. Jekyll y el siniestro y malvado Mr. Hyde. Una novelita que abarca lo que ahora podemos llamar una *split personality*, y un estudio de las fuerzas del bien y el mal. En el capítulo 10, se explica la esencia de la trama: "Man is not truly one, but truly two".

—Yo he visto una película.

—Se han hecho muchísimas adaptaciones. Quizá la mejor haya sido la de 1931, con Frederic March. Hasta se ha hecho un musical. Pero, como siempre, lo mejor es ir a las fuentes, a los originales.

—Estoy de acuerdo. Sin embargo, el cine, la televisión, los musicales, avivan el interés por la literatura.

—De nuevo, y otra vez que no sirva de precedente, el artículo sobre la vida y obra de Stevenson de Wickipedia (sic) vale la pena.

Me quedo callado, reflexionando sobre las dobles personalidades, los *poltergeist*, el bien y el mal, y cuando me doy cuenta, Celia ha desaparecido. Esa mala costumbre de marcharse sin decir adiós la ha adquirido en los Estados Unidos. Estoy solo de nuevo.

Oscar Wilde

Noto que los tres últimos literatos que hemos considerado murieron jóvenes, pero produjeron mucho. Óscar Wilde (1854-1900) vivió 46 años. Cierto es que su juicio por pederastia, y su condena en la cárcel minaron su salud. Wilde marcó la transición literaria del siglo xix al siglo xx. Magnífico y original dramaturgo, tuvo el valor de enfrentarse a la sociedad pacata victoriana por su hipocresía, aunque pagó cara su osadía.

Irlandés, estudió en el Trinity College y luego en Oxford. Viajó a los Estados Unidos. Se casó y tuvo dos hijos. Con su atractivo físico, su ingenio y facilidad de palabra, tuvo un gran éxito social. Fue un gran conversador.

Una de sus primeros trabajos importantes, y todavía famoso, fue *The Canterville Ghost, El fantasma de Canterville.*

En 1891 publicó su única novela, *The Picture of Dorian Gray, El retrato de Dorian Gray* que narra la historia de Dorian, un joven guapo cuya imagen en un retrato envejece y se corrompe en su lugar mientras él conserva su juventud y belleza, gracias a un deseo egoísta. La obra explora temas como la vanidad, la dualidad humana y el precio de la eterna juventud.

Nos dice Esteban Pujals, profesor mío que fue en la Universidad Complutense: "Esta novela es la expresión más completa que tenemos de la personalidad de Oscar Wilde y un documento humano del mayor interés. El carácter de Lord Henry Dotton es un perfecto retrato del autor, y todo el resto de la narración es un compendio de sus intereses, opiniones y emociones". Es una novela famosa, y popular que hay que leer.

Las obras teatrales de Wilde son simplemente magníficas, de fácil lectura y relevantes hoy. *Lady Vandermere's Fan* es una comedia de salón, sentimental y entretenida. Ernst Lubitsch la plasmó en película muda en 1925 (en YouTube). *The Importance of Being Ernest*, 1895, es una "exquisita comedia de costumbres y enredo, en la que intervienen pocos personajes… es agudísima y dramáticamente perfecta", escribe el Profesor Pujals. Todas se pueden descargar del *Project Gutenberg,* o comprar en papel.

Oscar Wilde, maestro del ingenio y la paradoja, nos enseñó que la belleza y el arte trascienden la moral convencional, pero también que la vida puede ser cruel con quienes desafían sus normas. En su obra, la brillantez del humor esconde una profunda melancolía, sin embargo, nos dijo que: *Life is too important to be taken seriously.*

Wilde mantuvo una relación con el joven Lord Alfred Douglas. El padre del chico acusó a Wilde de sodomita ante un tribunal y, probados los hechos, fue condenado a dos años de trabajos forzados que quebrantaron su salud y donde escribió *The Ballad of Reading Gaol,* para denunciar la crueldad del sistema penal. Su reputación quedó destruida, su carrera literaria truncada y su esposa e hijos le abandonaron y cambiaron de nombre. En París, pobre, enfermo y abandonado, escribió *De Profundis,* carta de la que *Gutenberg* dice: *"Wilde examines his own descent from fame and success into the depths of despair and incarceration. He grapples with themes of guilt, the loss of love —specifically, his relationship with Lord Alfred Douglas —and the resulting impact on his identity. Through his reflections, he delineates a journey from a life of hedonistic pleasures to one enriched with humility and compassion, where he learns to appreciate the value of suffering".* En el Reino Unido la homosexualidad ya no es un crimen. "We are all in the gutter, but some of us are looking at the stars" *(Lady Windemere's Fan).* Está enterrado en el Père Lachaise Cemetery.

H. Rider Haggard

—¿Quién no ha oído hablar de *Las minas del rey Salomón?* —pregunto a Celia—. Aventuro a pensar que no hay nadie, que no sea un despistado, que no haya visto u oído hablar de la película *King Solomon's Mines,* protagonizada por Richard Chamberlain y Sharon Stone, nada menos, de 1985 y que pasan por televisión con frecuencia. El protagonista, Allan Quatermain es un héroe de ficción ya de reputación universal, creado por H. Rider Haggard (1856-1925).

—He visto la película un par de veces. El género de aventuras gusta a todos, creo, aunque sea de evasión — sentencia Celia.

—Haggard nació en Norfolk, Inglaterra, pero su viaje a Sudáfrica colonial a los 19 años le empapó de aventuras y deseos de ponerlas por escrito. Es otro caso en la literatura en que las obras son más conocidas por el público que el nombre del autor.

—La novela, como la película, son emocionantes. Esto de ir en busca de tesoros perdidos en sitios exóticos e ignorados atrapa a cualquiera.

—Así es. La novela es trepidante y escrita en un inglés llano sin florituras. Comienza así: "It is a curious thing that at my age —fifty–five last birthday— I should find myself taking up a pen to try to write a history. I wonder what sort of a history it will be when I have finished it, if ever I come to the end of the trip! I have done a good many things in my life, which seems a long one to me, owing to my having begun work so young, perhaps. At an age when other boys are at school, I was earning my living as a trader in the old Colony" *(Es curioso que a mi edad —cincuenta y cinco el último cumpleaños— me encuentre empuñando la pluma para escribir una historia. Me pregunto qué clase de historia será cuando la termine, si es que llego a terminarla)*. Esto demuestra que el autor no tenía un plan para escribir.

—Esto lo has sacado del *Project Gutenberg* donde, veo, hay más escritos de Henry Rider Haggard.

—El héroe, Allan Quatermain, inspiró la creación de otro: Indiana Jones, que encarnan las aventuras, los mundos perdidos y exóticos, dejando un legado que, espero, perdure en la literatura del porvenir. Pero, como dice este aventurero: "We are all in the hands of the gods, and none can say when they will strike, or how".

—No te hagas muchas ilusiones que ahora todo va más rápido —sentencia Celia—. ¿Nos vemos la semana que viene? Mientras tanto voy a buscar *King Solomon's Mines* en internet.

Bernard Shaw

Después de haber mencionado la corta vida de algunos escritores, me topo con Bernard Shaw (1856-1950), que vivió 94 años. Esto de la edad es simplemente anecdótico y poco tiene que ver con la importancia de los autores.

Es mera curiosidad.

Celia llega unos minutos tarde, con cuadernos y notas que me enseña y dice:

—He indagado sobre Bernard Shaw y traigo unos apuntes.

—Cuéntame —animo a que se explique.

—Nació en Dublín y fue dramaturgo, crítico literario, personaje influyente y… activista político, vegetariano y… socialista. Sigue siendo un personaje a tener en cuenta, aún hoy. En 1925 recibió el Premio Nobel de Literatura. Escribió mucho, pero quisiera que charláramos de *Pygmalion*, que parece ser es su mejor y más popular obra.

—De *Pygmalion* quiero hablarte. —Carraspeo y le digo—: en mi libro *Phonética inglesa* (Oberon/Anaya) cito su Prefacio a *Pygmalion*, *A Professor of Phonetics* donde escribe: "The English have no respect for their language, and will not teach their children to speak it. They spell it so abominably that no man can teach himself what it sounds like. It is impossible for an Englishman to open his mouth without making some other Englishman hate or despise him".

—Lo cual no deja de ser cierto —me asegura Celia.

—Esto demuestra que le gustaba la polémica y que, además, no tenía pelos en la lengua. La popularidad de esta obra quedó para siempre consagrada cuando se escenificó, en 1956, en Broadway con Rex Harrison y Julie Andrews. La versión cinematográfica de 1964 fue también un éxito rotundo de público y taquilla.

—He visto la película, basada en *Pygmalion*, donde un huraño profesor de fonética, Henry Higgins decide enseñar a hablar y pronunciar bien a una joven cockney, vendedora de flores, para hacerla pasar como una dama culta. Recuerdo las canciones *The Rain in Spain* y *I Could Have Danced All Night*.

—Es lo que decía Shaw en el Prefacio que he citado arriba, sobre la pronunciación de los ingleses.

—He compuesto un listado de algunas de sus obras principales: *Widowers' Houses (*1892) su primera obra crítica con los problemas sociales; Mrs. *Warren's Profession (*1893), enfoque sobre la prostitución; *Arms and the Man (*1894), sátira sobre el idealism romántico en la guerra; *Candida, (*1894), drama sobre el matrimonio y los roles de género; *Man and Superman (*1903), sobre el tema de Don Juan; (*Major Barbara,* 1905), critica el capitalismo y la religión; *The Doctor's Dilemma (*1906), sátira sobre la ética médica; *Pygmalion (*1913), su obra más famosa; *Saint Joan (*1925), sobre Juana de Arco que le valió el Premio Nobel y *The (Apple Cart,* 1929), sátira política sobre la democracia.

—Muy bien, aunque me da, no sé por qué, que a pocos lectores les pueda interesar esa lista. Creo que, aparte de *Pygmalion,* o sea *My Fair Lady,* el resto se va a quedar en las bibliotecas. La película salvó a *Pygmalion,* y quizá también a Bernard Shaw, y le dio mucho renombre. Se estrenó en 1964 con Rex Harrison y Audrie Hepburn. La obra teatral se estrenó en 1956 con Harrison y Julie Andrews, ambas fueron rotundos éxitos. A veces las versiones cinematográficas o teatrales tienen más repercusión que los originales, novelas u obras de teatro.

—¿Has dicho al principio que Shaw era socialista?

—Muy socialista. Creía en la redistribución de la riqueza por medio de los impuestos estatales: robarles a unos para darles a otros. Admiraba a Mussolini, otro socialista, pero estas cuestiones eran importantes para él para sus ataques literarios contra el capitalismo chupóptero. Por eso creo que envejece mal.

—Aparte de su *Pygmalion,* o mejor, su *My Fair Lady.* Por cierto, que está lloviendo y podemos cantar *The rain in Spain stays mainly in the plain,* que es una canción que me encanta y que no escribió Bernard Shaw, por cierto.

Y nos vamos bajo la lluvia, cantando y riendo, y tratando de pronunciar bien los sonidos de la lengua inglesa.

Arthur Connan Doyle

Creo que empecé a leer a Arthur Conan Doyle (1859-1930) en la biblioteca de mi abuelo. Ya he mencionado esa biblioteca, que era amplia pero formada con libros modestos, ediciones baratas. Su padre, mi bisabuelo, tenía una con libros encuadernados, lujosos, con sus iniciales, BC, en el lomo. Tengo el único volumen que queda de aquella biblioteca. Vi la película *La garra escarlata, The Scarlet Claw,* protagonizada por Basil Rathbone, —el mejor— como Sherlock Holmes, que me aterró pero que comenzó un interés por el detective que perdura. Todavía me duermo escuchando sus aventuras en YouTube, en audiolibros.

—Me han desaparecido mis pasaportes —me explica Celia al entrar—. Estaban en un cajón de la mesa de la cocina y ya no están. Los necesito porque tengo que viajar.

—La gente no roba pasaportes guardados en la cocina. ¿Quién te lo ha podido robar? —pregunto.

—No tengo idea. Será cuestión de indagar.

—Si pudiésemos consultar a Sherlock Holmes, de Baker Street, Londres, seguro que los encontraría. Ya sabes que era el primer *consulting detective* del mundo. Y el Dr. Watson narraría esta aventura como, por ejemplo, *The Case of the Purloined Passports, El caso de los pasaportes sustraídos.* Pero dejémoslo para el final, que yo sé mucho de los métodos de Holmes, aunque necesito hechos, *facts,* y no podemos teorizar sin ellos, como dice en A *Scandal in Bohemia:* "It is a capital mistake to theorize before one has data. Insensibly one begins to twist facts to suit theories, instead of theories to suit facts". Esto mismo lo dijo Bertrand Russell en una entrevista, muchos años después.

—He leído las aventuras del detective más famoso de la historia.

—Sí, todo el mundo ha oído hablar de él, pero no tanto del Dr. Conan Doyle, que abrió su consulta de médico y, para matar el tiempo mientras llegaban los pacientes, su pudo a escribir las aventuras de este detective. Nació en Edinburgh, Escocia, y tuvo una niñez y una familia complicada. Mencionemos sólo que su padre murió alcoholizado. Estudió medicina en la Universidad de Edinburgh, luego en Austria, viajo y visitó Milán y Venecia. Abrió su consulta, no tuvo pacientes, y escribió.

—Muy esquemática es esta biografía —se sorprende Celia—. Háblame de Sherlock Holmes.

Abro *The Penguin Complete Sherlock Holmes,* 1981, regalo de mi hija Laura Lynn hace unos años, y voy al capítulo 2 de su novela *A Study in Scarlet,* titulado *The Science of Deduction,* donde leo: "[…] I have a trade of my own. I suppose I am the only one in the world, I am a consulting detective". Y luego deja a su compañero con la boca abierta cuando le da un ejemplo de sus dotes deductivas. Y en esta novela comienzan las andanzas del detective y de su amigo el Dr. Watson.

—Creo que el Dr. Watson hace una relación no muy halagüeña de los conocimientos del detective.

—Sí, que no son muchos, pero es que el detective es muy práctico y ya lo explica: "I consider that a man's brain is like a little empty attic, and you have to stock it with furniture as you choose. A fool takes in all the lumber of every sort […] Now, the skillful workman will have nothing but the tools which may help him in doing his work…".

—¿Me prestas el libro? —pide Celia—. Veo que escribió cuatro novelas: *A Scandal in Bohemia, The Sign of Four, The Hound of the Baskervilles* y *The Valley of Fear,* más 56 "casos" o narraciones cortas. *The Adventure of the Solitary Cyclist, The Musgrave Ritual, A Sandal in Bohemia…* y 53 más.

—Sherlock Holmes es uno de los grandes personajes de ficción de la literatura universal. Pero, Celia, *the game's afoot,* y tenemos que resolver el "Caso de los pasaportes sustraídos". Conozco bien los métodos de Holmes y lograremos rescatar esos pasaportes.

Y nos reímos como tontos.

O'Henry (William Sydney Porter)

—-Hoy quiero que mencionemos de manera somera, como siempre, a uno de mis escritores favoritos: O'Henry, que fue el pseudónimo de William Sydney Porter (1862-1910), que revolucionó el cuento en lengua inglesa.

—Has dicho que es uno de tus escritores favoritos, ¿por qué? —pregunta Celia.

—Leí muy joven *The Gift of the Magi,* un cuento navideño sobre el amor y el sacrificio. Un matrimonio joven, pobre y muy enamorados los dos, intentan sorprender a su pareja con regalos de Navidad. Me impactó. Acaba con estas palabras, sobre dar y recibir: "[…] let it be said that of all who give gifts these two were the wisest. Of all who give and receive gifts, such as they are wisest. Everywhere they are wisest. They are the magi". Y luego leí más, como *The Last Leaf,* ambientado en Greenwich Village, Nueva York, donde una enferma cree que morirá cuando caiga la última hoja de una hiedra. Y *The Cop and the Anthem* trata de un vagabundo que intenta que lo arresten para poder pasar el invierno en la cárcel, y comer algo.

—Personajes de la vida misma, ¿no? —indica Celia.

—Sí, personajes cotidianos comunes y corrientes. Sus historias mezclan ironía, humor y compasión por los marginados, como en *The Duplicity of Hargraves,* basado en la relación conflictiva con su propio padre, que los abandonó.

—¿Qué sabemos de su vida? —A Celia le gusta la biografía, más que a mí.

—Nació en 1862 en Carolina del Norte, en los Estados Unidos, y su vida fue dramática como sus cuentos, con muchos vaivenes. Trabajó de farmacéutico, de vaquero, periodista… y tuvo que huir a Honduras por una acusación de malversación, pero no se salvó porque al volver acabó en la cárcel. Estuvo entre rejas desde 1898 hasta 1901 y fue ahí donde comenzó a escribir y a emplear el pseudónimo de O'Henry para ocultar su pasado. Fue durante estos tres años en los que tomaba notas de las narraciones de sus compañeros de prisión para luego utilizarlas en sus narraciones. Al parecer un guardia, uno de los carceleros, le ayudaba a enviar sus manuscritos a diversas revistas, lo que lanzó su carrera de escritor.

—Supongo que escribiría a mano, con palillero y tinta.

—Sí, pero escribía a toda velocidad para poder pagar las deudas que tenía. Lo mismo hacía Honoré de Balzac, salvando las distancias literarias.

—¿Y el pseudónimo?

—En realidad no se sabe, por muchas conjeturas que haya.

—*A Municipal Report* parodia los informes burocráticos para contar una historia de corrupción. En total dejó más de 600 cuentos y relatos; historias de humanidad y finales inesperados.

—Ganaría mucho dinero, supongo, con tanta fama y tanta celeridad en escribir.

—Más bien no porque tenía gran afición al alcohol, esa droga perversa que se acepta socialmente. Murió pobre y de mala manera.

—Vaya.

—Hoy existe un premio literario, *The O'Henry Awards,* que honra a los mejores cuentistas. Léete *The Gift of the Magi* que te va a gustar y es un cuento corto.

George Santayana

Hemos quedado en Café Gijón, en el Paseo de Recoletos, que, aunque ya no es lo que era —¿quién o qué es lo que era?— sigue siendo el Café Gijón y, además, me queda cerca de casa.

—Quieres hablar de George Santayana y veo que era filósofo, no literato —dice Celia, poniendo sus cachivaches sobre la mesa.

—Jorge de Santayana (1863-1952), conocido como George Santayana, fue, en efecto, profesor de filosofía en Harvard.

—¿Por qué empleas su nombre en los dos idiomas? ¿Jorge o George? —dice Celia con razón.

—Nació en Madrid y fue bautizado en la iglesia de San Marcos, de la calle de San Bernardo, con el nombre de Jorge Agustín Nicolás de Santayana. Su padre nacido en Zamora y su madre en Glasgow. Su madre y sus hijos se trasladaron a Boston cuando Jorge tenía 9 años y allí permaneció hasta 1912 cuando volvió a Europa. Hizo muchos viajes a España, a Ávila, a visitar a su familia, a su padre. Nunca renunció a su nacionalidad y nunca se naturalizó norteamericano. Su autobiografía *Persons and Places, the Background of my Life*, 1944, cuenta sobre su familia, por qué acabo en Boston, y por qué su madre se llamaba, por cierto, Josefina Borrás Carbonell, nacida en Glasgow.

—¿Parientes? —apunta Celia.

—Muy, muy lejanos.

—¿Y por qué te ha interesado George Santayana?

—En mi segundo año de universidad, cuando era *sophomore*, me compré *The Story of Philosophy*, de Will

Durant, que me introdujo en esta materia y que leía con ganas y que todavía conservo. Ahí descubrí a Jorge Santayana, un intelectual español en los Estados Unidos, filósofo *in partibus infidelium,* como diría Ortega. También escribió poesía: *Poems,* publicado en 1922, donde incluye el soneto "Ávila" y otro "Spain in America". Antes, en 1901, había publicado *The Hermit of Carmel.* Y también escribió una novela *The Last Puritan, El último puritano,* que tuvo gran éxito y que le proporcionó una vida acomodada.

—Vale, entonces —entona Celia con suficiencia— lo podemos incluir. ¿Y sus obras filosóficas?

—Muchas, y las principales son: *Three Philosophical Poets,* de donde siempre cito las primeras palabras de la introducción: "The sole advantage in possessing great works of literature lies in what they can help us to become"; *The Sense of Beauty* y *The Life of Reason.*

—¿Debo leer a Santayana? —pregunta la joven.

—Ganarás mucho, perderás poco y soñarás, porque la sabiduría es "To dream with one eye open; to be detached from the world without being hostile to it: to welcome fugitive beauty and pity fugitive sufferings, without forgetting for a moment how fugitive they are".

Corre a descargar uno de sus títulos. Recoge sus cartapacios y sale escopetada.

Rudyard Kippling

Oigo que Celia está cuchicheando por el pasillo. No he oído el timbre de la puerta, pero quizá me esté quedando sordo. Cuando entra le pregunto:

—¿Con quién hablabas? ¿Cómo has entrado? —digo molesto.

En vez de responder, me pregunta:

—Sir Rudyard Kippling, 1865-1936, nació en Bombay. ¿Por qué se le considera autor británico? Bombay está en la India, ¿o no?

—Nació en Bombay, en la India, pero entonces era parte del Imperio Británico. Su niñez la pasó en esa ciudad, rodeado de exotismo y diversidad cultural, que marcaron profundamente su vida y su obra literaria. Sin embargo, a los seis años le enviaron a Inglaterra para su educación, donde vivió en una especie de pensión de acogida, maltratado y humillado, como su hermana menor. Este cambio y situación fue para él una experiencia traumática. Fue uno de los escritores más influyentes y conocidos de la literatura británica, destacado por su narrativa vibrante, su conexión con el imperialismo y su habilidad para capturar el espíritu de su época.

—¿Volvió a la India?

—Kipling regresó a la India en 1882, a los 17 años, donde trabajó de periodista y comenzó a publicar cuentos y poemas. Su talento literario pronto llamó la atención, especialmente con *Plain Tales from the Hills* (1888), una colección de historias sobre la vida angloíndia. Su estilo directo, su uso del lenguaje cotidiano y su capacidad para retratar tanto a colonizadores como a colonizados le valieron un lugar destacado en las letras británicas.

—¿No asistió a la universidad? —pregunta Celia, al notar las fechas.

—No parecía tener madera de estudiante y además sus padres no se lo podían costear. Así que comenzó a trabajar de periodista para periódicos indios de lengua inglesa. En 1889, Kipling viajó por Asia y Estados Unidos antes de establecerse en Inglaterra y allí escribió algunas de sus obras más famosas, como *Jungle Book, El libro de la selva*, 1894, un conjunto de relatos protagonizados por Mowgli, un niño criado por lobos en la jungla india. Esta obra, mezcla de fábula y aventura, explora temas como la identidad, la ley natural y el colonialismo.

—Lo recuerdo. Leí una versión abreviada de pequeña. Además, he visto la película de dibujos animados, de Disney. Me encanta.

—Pues la otra, *Kim,* no es menos interesante, casi picaresca, detectivesca, de ficción, de crecimiento personal, ambientada de nuevo en la India. Es muy interesante y te la recomiendo. No te arrepentirás. Las dos novelas las encontrarás en el *Project Gutenberg,* y en cualquier librería.

—Por algún motivo, siempre he creído que era principalmente un escritor para niños.

—Pues, fíjate que en 1907, Kipling se convirtió en el primer escritor británico en recibir el Premio Nobel de Literatura "in consideration of the power of observation, originality of imagination, virility of ideas and remarkable talent for narration which characterize the creations of this world-famous author". Nada menos, y aunque su reputación ha sido reevaluada por su relación con el colonialismo, destaquemos su impacto en la literatura y su maestría narrativa que son indiscutibles.

—*World famous,* eso en 1907. ¿Algo más?

—Kipling también destacó como poeta, con piezas como *If* de 1910, un poema didáctico que celebra la entereza moral, que se convirtió en un clásico universal y de donde extraigo esta cita: "If you can meet with Triumph and Disaster / And treat those two impostors just the same". Un verso que describe su filosofía de resiliencia y equilibrio.

—Hmm.

—Pues esta otra de *El libro de la selva:* "For the strength of the Pack is the Wolf, and the strength of the Wolf is the Pack".

A Celia parece gustarle esta cita más y, otra vez, mecachis, me deja con la palabra en la boca y se larga.

William Butler Yeats

¿Le confieso a Celia que nunca he leído a William Butler Yeats, 1865-1939, y que poco sé de él, excepto que era irlandés? Toda mi vida he admitido que no sé lo que no sé y que simplemente soy un estudioso de casi todo, y, por eso, creo, no debo cambiar ahora. Sería un fraude si pretendiese que soy un experto. Se lo digo a Celia y le propongo que indaguemos sobre el poeta, dramaturgo y místico irlandés. Se le considera uno de los grandes poetas en lengua inglesa del siglo XX.

—Aquí dice que, de padres anglo–irlandeses protestantes, se interesó por el teosofismo primero y luego por el ocultismo, que influyeron en sus primeros trabajos —me explica Celia, que ha investigado un poco—. Y yo añado que también he fisgoneado.

—Su primera colección importante, *The Wanderings of Oisin and Other Poems* (1889), reflejaba su fascinación por la mitología irlandesa y una sensibilidad romántica y soñadora, que se hacía eco de la influencia de Shelley,

Spenser y los prerrafaelitas. Fue miembro fundador de la *Irish Literary Society* de Londres (1891) y, más tarde, de la *Irish National Theatre Society,* que se convertiría en el Abbey Theatre de Dublín. En la década de 1890 y principios de 1900 se intensificó su interés por el misticismo, el ocultismo y el folclore irlandés. Se unió a la *Hermetic Order of the Golden Dawn* y creía profundamente en la dimensión espiritual del arte. Sus obras de teatro, como *The Countess Cathleen* (1892) y *Cathleen ni Houlihan* (1902) —coescrita con Lady Gregory—, exploraban la identidad nacional, el sacrificio y el mito, a menudo con un fuerte trasfondo político.

—Pues no te lo pierdas que le concedieron el Premio Nobel de Literatura en 1923, "for his always inspired poetry, which in a highly artistic form gives expression to the spirit of a whole nation". Esto me suena a premio político. El año anterior, 1922, se lo habían otorgado a Jacinto Benavente.

—Esto del Premio Nobel tenemos que tomarlo *cum grano salis,* me temo, pero, aún así, el Premio Nobel de Literatura es un premio de mucho prestigio —pontifico un poco arriesgadamente—. He rebuscado en mi *The Penguin Book of English Verse* y he entresacado este poema que me ha gustado, como ejemplo de su producción:

When You Are Old

When you are old and grey and full of sleep,
And nodding by the fire, take down this book,
And slowly read, and dream of the soft look
Your eyes had once, and of their shadows deep;
How many loved your moments of glad grace,

And loved your beauty with love false or true,
But one man loved the pilgrim soul in you,
And loved the sorrows of your changing face;
And bending down beside the glowing bars,
Murmur, a little sadly, how Love fled
And paced upon the mountains overhead
And hid his face amid a crowd of stars.

—Por cierto, Celia, que Yeats se pronuncia como *gates,* o sea *"yeits".*

Herbert George Wells

—Mira, Celia, qué casualidad. Estoy leyendo *The Invisible Man, A Grotesque Romance,* una edición de la Modern Library (2002) que tengo y que no había leído todavía. En la página 161 leemos que: "However fantastic, H. G. Wells's works often contain allegorical meanings and themes that point to real–world conflicts, social conditions, and political ideas".

—¿No habías leído esa famosa novela de Herbert George Wells, 1866-1946? ¡Qué raro! —exclama Celia dando un respingo.

—No te hagas la lista. Esa novela, como tantas otras de él, son casi del dominio público, y he visto varias versiones en el cine, la de 1933, en blanco y negro, y alguna que otra más, muchas otras versiones de la novela que, más o menos, siguen la trama. ¿Quién no ha oído hablar del hombre invisible? que explora las consecuencias éticas de un descubrimiento científico (la invisibilidad mediante refracción de la luz) cuando cae en manos de un hombre sin escrúpulos. La física se convierte en una metáfora de la alienación. Como casi siempre, la novela es mejor que las películas, pero el tema es apasionante.

—¿Qué me puedes contar de él?

—Fue escritor visionario, y también un pionero en fusionar la ciencia con la narrativa, sentando las bases de la ciencia ficción moderna. Junto a Julio Verne, es considerado uno de los padres del género, pero mientras Verne se enfocaba en inventos plausibles de su época, Wells exploraba conceptos científicos radicales, muchos de ellos adelantados a su tiempo. Su obra, marcada por un profundo interés en la biología, la física y la sociología, sigue siendo relevante hoy.

—¿Tenía preparación científica?

—Wells estudió biología con Thomas Henry Huxley, y esa formación se refleja en su obra. Tenía una confianza absoluta en la ciencia y la tecnología, tanto es así que no apreciaba los valores que no fueran científicos y rechazaba la cultura y tradiciones occidentales. Sus relatos no son simples aventuras fantásticas, sino extrapolaciones lógicas de principios científicos. Tú, Celia, podrás comprenderlo, que eres matemática y te gustan las humanidades.

—Claro que comprendo. Siempre he creído que tanto la ciencia como las humanidades pueden convivir perfectamente en un cerebro. Aquí me tienes, ¿no? —dice con aplomo—. No he leído *The Time Machine,* pero he visto una de las películas.

—La Introducción a la novela en *Project Gutenberg* nos dice: "The story introduces a brilliant Time Traveller who presents his revolutionary ideas about time and space to a group of skeptical friends, discussing the concept of a fourth dimension that intertwines with our understanding of time".

—Debate sobre la naturaleza y significado del tiempo. La película me resultó fascinante y supongo que la novela es aún mejor.

—Wells usó la ciencia ficción para alertar sobre los peligros del mal uso de la tecnología, algo que resuena en nuestra era de inteligencia artificial y armas nucleares, de lo que el vulgo llama "nuevas tecnologías". La guerra de los mundos, *The War of the Worlds* (1898), más que una invasión marciana, es un estudio sobre el imperialismo y la vulnerabilidad humana. Los extraterrestres sucumben a bacterias terrestres, recordando que incluso lo aparentemente invencible tiene puntos débiles. En 1938, Orson Wells narró por CBS Radio Network una versión de la novela que muchos radioyentes creyeron verídica y creó un pánico monumental al pensar que estaban narrando una invasión marciana real.

—He oído hablar de esa radiodifusión. La gente se lo cree todo.

—Si la escuchas en YouTube, tal como se emitió, comprobarás que había razones para pensar que la invasión era verídica. Wells creía que la literatura debía ser un diálogo con el futuro y es un ejemplo de cómo la imaginación, guiada por el rigor científico, puede expandir los límites de lo posible. Sus obras no solo entretienen; invitan a preguntarnos: ¿Qué haríamos nosotros con esos conocimientos? Ya sabes, Celia, que me encanta "las nuevas tecnologías" y que estoy muy contento de emplearlas, aunque tenga a veces mis dudas.

Arnold Bennett

Le pregunto a Celia si tiene mucho tiempo libre.

—¡Qué más quisiera yo! No tengo tiempo para nada, para nada —responde sin pensar.

—¿Sabes la cantidad de veces al día que oigo eso de que "no tengo tiempo"? Mis amigos, mis alumnos, parientes, conocidos, amigo, constantemente se quejan de que no tienen tiempo y yo siempre les digo lo mismo y recomiendo lo mismo: Arnold Bennet, 1867-1931, *How to Live on Twenty-Four Hours a Day.*

—¿Es un libro?

—Y maravilloso "a self–help guide written in the early 20th century. This philosophical examination explores the concept of time management and emphasizes the significance of effectively utilizing the daily 24 hours we all possess" escribe *Project Gutenberg,* donde lo encontrarás. Explica que todos tenemos esas 24 horas, y propone cómo utilizarlas para retomar las riendas de la vida y maximizar ese tiempo que tenemos todos los días, con ejemplos. Se publicó en formato libro en 1908 y fue un gran éxito inmediatamente.

—No lo conocía. Y ¿quién es ese Bennett?

—Escritor inglés tan prolífico que publicó 34 novelas, siete volúmenes de cuentos y narraciones, 13 obras teatrales, y también escribió para el cine. Sabía utilizar sus 24 horas diarias, desde luego. A los 35 años se fue a vivir a Francia, país que admiraba. Allí escribió, en 1908, *The Old Wives' Tale,* su novela más celebrada y que *Gutenberg* resume así "The story navigates the lives of two sisters, Constance and Sophia Baines, as they evolve from carefree youths into mature women, highlighting the nuances of domestic life and the passage of time. The narrative seeks to explore themes of femininity, family, and the quiet tragedies of everyday existence". Viajó por los Estados Unidos, se casó, volvió a Inglaterra, y siguió escribiendo.

—¿Qué me recomiendas?

—Sus libros de autoayuda principalmente, que siguen muy vigentes: *The Human Machine, The Reasonable Life, Mental Efficiency, Self and Self-Management, How to Make the Best of Life,* que en efecto se rigen por el precepto de William James de la disciplina mental.

—Pues nada, primero leeré las 24 horas y algún otro, quizá *Mental Efficiency.* Necesito esa disciplina para sacar tiempo al tiempo y dejar de quejarme. Una cita de *How to Live on Twenty-Four Hours:* "You wake up in the morning, and lo! your purse is magically filled with twenty-four hours of the unmanufactured tissue of the universe of your life! It is yours. It is the most precious of possessions". ¡Todos los días! ¿A que parece una perogrullada?

—Sí, pero es *cierto.*

—*Del libro The Human Machine,* de 1909, tenemos esta otra cita que creo maravillosa: "The chief beauty about time is that you cannot waste it in advance. The next year, the next day, the next hour are lying ready for you, as perfect, as unspoiled, as if you had never wasted or misapplied a single moment in all your life".

—Pues, muchas gracias. Me ha gustado este autor desconocido.

—Indaga, que escribió mucho y fue, y es, muy influyente. Si lo lees ya no podrás decir eso de "no tengo tiempo." Ya verás.

John Galsworthy

Me enganché a *La saga de los Forsyte* que retransmitió Televisión Española en 1969, y luego leí la obra completa de Galsworthy, autor británico y Premio Nobel. A través de una reconocida y prestigiosa médium contactamos con John Galsworthy, 1867-1931, quien muy amablemente accede a que le entrevistemos para charlar sobre su vida y obra literaria. Celia está entusiasmada ante esta novedosa manera de aprender sobre una famosa figura de la literatura universal. Después de varios intentos, y en la penumbra de mi saloncito, contactamos con el Premio Nobel de Literatura a través de la médium, Doña Pancracia Seborrea que es analfabeta.

—Señor Galsworthy, es un honor comunicar con usted. Para comenzar, ¿podría compartir con nosotros cómo descubrió su vocación por la literatura? —pregunta Celia primero.

—De joven estudié Derecho en Oxford, pero nunca me apasionó —responde la voz cascada de la médium—. Fue durante un viaje a bordo de un velero, en 1895, donde conocí a Joseph Conrad, quien se convirtió en mi gran amigo y mentor. Él me animó a escribir, y así empecé, casi como un juego... hasta que dejó de serlo.

—Su obra más conocida, *La saga de los Forsyte,* retrata con maestría las contradicciones de la burguesía inglesa. ¿Qué le inspiró a crear esta monumental historia familiar?— pregunto yo.

—La observación, principalmente. Los Forsyte son un espejo de la sociedad victoriana y eduardiana: su apego a la propiedad, las tensiones entre tradición y modernidad.

Soames Forsyte, por ejemplo, encarna esa obsesión por poseer, incluso en el amor. Mucho se basó en críticas hacia mi propia clase, aunque (ríe) algunos parientes se molestaron al reconocerse.

—Hablando de Soames, es un personaje complejo. ¿Cómo logra dotar de tal profundidad a sus creaciones? —Celia parece haber visto la *saga* en televisión.

—Para mí, los personajes deben ser humanos, no héroes ni villanos. Soames hace cosas detestables, pero también sufre. Esa ambigüedad es la vida misma. La literatura debe explorar las grietas del alma, no juzgarlas.

—Su estilo es elegante pero directo. ¿Seguía algún método al escribir? —es mi turno.

—Corregía incansablemente. La primera versión era siempre torpe; la verdadera escritura está en el *reescribir.* Además, prefería la prosa clara, sin adornos excesivos. Flaubert y Turguénev fueron mis modelos.

—Recibió el Nobel en 1932 y la academia sueca dijo: "For his distinguished art of narration which takes its high form in *The Forsyte Saga*". ¿Qué significó para usted este reconocimiento?

—Fue un honor, claro, pero no escribía yo por premios. Me preocupaba más contribuir, aunque sea mínimamente, a entender nuestra época. Por eso también me involucré en reformas sociales, como la lucha por los derechos de los animales o la justicia penal.

—Justo iba a preguntarle sobre su activismo —le indico—. ¿Cree que el arte debe ser comprometido?

—El arte *es* compromiso, incluso cuando evade lo político. En mis obras, como *Justicia* —obra de teatro sobre las prisiones—, denuncio injusticias, pero sin sermones. La literatura persuade mostrando, no gritando.

—¿Qué consejo daría a los jóvenes escritores?

—Que lean mucho, vivan más, y escriban con honestidad. La originalidad no es buscar temas raros, sino mirar lo cotidiano con ojos nuevos. Y paciencia: un buen libro es como un roble; no crece en un día. Pero, disculpen, debo retirarme. Mi esposa Ada me espera para el té de la cinco. Ha sido un placer y no me acompañen, paso por las paredes.

Al desaparecer, nos queda la sensación a Celia y a mí de haber atrapado, por un instante, el eco de una época que se desvaneció hace mucho. Celia y yo intercambiamos una mirada de complicidad: hemos conversado con un maestro que desnudó el alma de la burguesía. Cuando sale de su fingido estupor, echo de casa a la vieja médium por fraude y engaño, y no le pago la "voluntad" que pedía. De mí no se ríe nadie.

D. H. Lawrence

Entra Celia en mi despachito casi de puntillas.

—El cartero me ha dado esta carta para ti —dice.

—A ver, es de David Herbert Lawrence. ¡Qué raro!

—Ábrela —exclama Celia con interés cotilla. Rompo el sobre y leo:

Dear Dr. Carbonell:

It has come to my attention that you, and your student Celia, are going to chat and deal about my

96

life and work. It is a comfort to think someone still wonders about my life and books. May I refresh your memory?

I was born in 1885, in a mining town called Eastwood, in Nottinghamshire, England. My father was a coal miner, rough and full of strong feeling. My mother came from a higher class and cared for books and education. Their constant quarrels stayed with me, and much of that pain went into my first serious novel, Sons and Lovers, which brought me some recognition, but it was also the cause of great pain, as the world seemed to be looking for something more —something that might scandalize or challenge the established order. Many have said it is too much about my own life, but I believe we must write from what we know deeply

I taught school for a while but left that life. My true desire was always to write. The Rainbow and Women in Love came next, and they caused trouble. Some thought them obscene. I was not trying to shock; I only wanted to write about real men and women —how they love, how they touch, how they fight against a world that grows cold and mechanical.

In 1914, I married Frieda, a German woman who had left her husband for me. We wandered much: Italy, Germany, Australia, America, and Mexico. I was always searching for a place where people lived closer to nature and to their own true selves. England had grown too hard, too grey, too full of machines and rules. I believed the world needed to feel again —to trust the blood, not only the head.

My last novel, Lady Chatterley's Lover, caused a scandal. They banned it. I wrote it not to be dirty, but to say that tenderness and desire should not be hidden or shamed. I believed that body and soul must be joined if we are to live whole lives.

I also wrote poems, essays, stories, even paintings. Some called me wild, others a prophet. I did not fit into any group or school. I was not a realist, not a romantic —I was simply trying to tell the truth as I felt it, which is the hardest thing.

I died young, at forty-four, in 1930, of tuberculosis. But I am not sad about it. I lived fiercely. I wrote what I had to write. And if people still read me, and think about what I meant, then I am still alive in a way.

In The Letters of D. H. Lawrence, you can read what I said long ago: "… in the end, always you keep the ultimate choice of your destiny: to abide by the intrinsic reality, or by the extrinsic: the choice is yours, do not let it slide from you, keep it always secure, reserved… Keep the choice of the right always in your own hands. Never admit that it is taken from you… Keep the choice of life… always in your hands: don't ever relinquish it".

Thank you for listening, Professor. I would have liked a talk with you two —about language, about spirit, about freedom, about literature, about choices.

Yours in truth,

D. H. Lawrence

Robert Graves

Le explico a Celia que Robert Graves (1895-1985) nunca me interesó ni leí, por tanto. Mi *The Penguin Book of English Verse,* incluye dos de sus poemas más famosos, que tampoco he leído.

—Pues, mira que bien. ¿Y esa antipatía a qué viene? — pregunta Celia con razón.

—Posiblemente porque sea humano y tengo manías, fobias, *likes and dislikes,* y gustos. Quiero pensar que a lo mejor por lo que he oído y leído sobre él en periódicos y revistas le tomé tirria. No lo sé. Pero he rebuscado y te he compuesto esto: Robert Graves fue un poeta, novelista y erudito británico, reconocido por su obra literaria diversa y su influencia en la poesía del siglo xx. Nació en Londres en una familia de clase media–alta y estudió en la Universidad de Oxford, aunque su educación se vio interrumpida por su participación en la Primera Guerra Mundial, experiencia que marcó su vida y su escritura. A Graves se le recuerda, en primer lugar, por su poesía, caracterizada por su intensidad emocional y su estilo clásico pero innovador. Entre sus obras poéticas más destacadas se encuentran *Poemas completos* (1959) y *El poema de amor* (1918), donde explora temas como la guerra, la mitología y el amor.

Su obra más famosa es la novela histórica *Yo, Claudio, I Claudius* (1934), una recreación vívida de la Roma imperial que combina rigor histórico con una narrativa ágil y psicológicamente profunda. La novela, junto con su secuela *Claudio, el dios, y su esposa Mesalina* (1934), lo consolidó como un maestro de la ficción histórica. Creo que ya he apuntado en alguna parte que no me gusta la novela histórica.

Graves también destacó como ensayista y mitógrafo. Su libro *La diosa blanca, The White Goddess* (1948) es un estudio seminal sobre la poesía y los mitos antiguos, donde propone que la verdadera poesía está ligada al culto a una diosa madre primordial. Esta obra, aunque controvertida, influyó en generaciones de poetas y estudiosos.

En su vida personal, Graves mantuvo relaciones complejas y bisexuales, incluyendo su tumultuoso matrimonio con la poetisa Laura Riding, a la que engañaba. Vivió en Mallorca, donde encontró inspiración en el paisaje mediterráneo.

Robert Graves dejó un legado literario vasto y multifacético, que abarca desde la poesía lírica hasta la novela histórica y el ensayo. Su obra sigue siendo celebrada por su profundidad intelectual, su maestría estilística y su capacidad para conectar lo personal con lo universal. Se le consideró para el Nobel y para ser *Poet Laureate* pero no se los concedieron.

Edwin Muir

Gracias a J. M. Coetzee, del cual ya hablaremos, y por su libro *Stranger Shores, Literary Essays,* 2001, descubrí a Edwin Muir (1887-1959). Tiene el libro un ensayo estupendo, que releo con frecuencia: "*Translating Kafka,*" que es una joya. Edwin y su mujer Willa, en 1921, dejaron sus empleos en Londres y se fueron a Europa, a Dresden, y comenzaron a aprender alemán y se convirtieron en traductores profesionales. Tradujeron a Kafka, a quien conocí por esas traducciones. Años después regresaron a las islas y continuaron escribiendo poesía los dos. Coetzee nos dice que Edwin Muir deploró esos años de traducción: "Too much of our lives was wasted… in turning German into English".

Muir era escocés y, aparte de traductor, crítico, periodista, poeta, y novelista, escribió una magnífica autobiografía, *An Autobiography*, 1954.

—Qué corta explicación, ¿no? —refunfuña Celia.

—Edwin Muir es un poeta importante, pero alejado del mundanal ruido de la vida cotidiana. Convencido estoy de que si preguntamos por la calle quién es, en Nueva York, Londres o Glasgow, nos mirarán con extrañeza. No seamos más papistas que el papa, y si quieres más, investiga, que ahora es fácil.

Celia se va y yo abro *Stranger Shores* otra vez, y releo.

T. S. Eliot

Thomas Stern Eliot (1888-1965) es mi poeta preferido, en cualquier lengua. No digo que sea el mejor, sino que es mi favorito. John Dryden dice en su *An Essay of Dramatic Poesy*: "Delight is the chief, if not the only end of poesy". Y yo siempre he encontrado ese *delight*, ese placer y deleite en su poesía y, lo que es mejor, sigo encontrándolo. Sé de memoria mucho de su poesía y teatro.

—¿Cuándo descubriste a T. S. Eliot? —pregunta Celia.

—Muy pronto. Sería en mi sophomore year, en 1957-58, cuando trabajaba en la biblioteca de la universidad, saqué un disco —de vinilo, por supuesto— con la poesía de Eliot leída por él. ¡Qué maravilla! Todo ilusionado, puse el disco en mi rudimentario *record player* y quedé horrorizado al oír una voz de ultratumba, cascada, carraspeante, que destrozaba la gran poesía que pretendía leer. Los poetas pueden, y suelen, ser malos intérpretes y lectores de su propia poesía.

—¿Es americano o británico? — parece que Celia a oído campanas.

—Nació en Missouri, de familia bostoniana y se mudó a Inglaterra en 1914. En 1927 se nacionalizó británico. Era muy británico y, creo, hasta tenía cara de británico.

—Dime más sobre su biografía.

—No. Vete a Internet y encontrarás material más que de sobra. Se trata de abrirte a su maravillosa obra para que puedas explorarla por tu cuenta. *The Waste Land* se publicó en 1922, es uno de los poemas más importantes del modernismo anglosajón. Es complejo, con muchas referencias culturales, religiosas y literarias que explora temas como la decadencia de la civilización occidental, la alienación del ser humano moderno y la búsqueda de redención espiritual en un mundo desolado. Comienza así:

April is the cruelest month, breeding
Lilacs out of the dead land, mixing
Memory and desire, stirring
Dull roots with spring rain.

Invita a seguir leyendo, pero no voy a citar más y tendrás que ir al poema mismo.

—¿Escribió más?

—*The Hollow Men,* de 1925 considerado una continuación temática de *The Waste Land* pero con un tono aún más sombrío y desesperanzado. Explora la vacuidad, la alienación y la incapacidad de trascender en un mundo sin fe ni propósito. Comienza así:

We are the hollow men
We are the stuffed men
Leaning together
Headpiece filled with straw. Alas!
Our dried voices, when
We whisper together
Are quiet and meaningless
As wind in dry grass
Or rats' feet over broken glass
In our dry cellar

Y tiene la famosa conclusión, que yo parafraseé al terminar el primer tomo de este libro, donde escribe:

This is the way the world ends
This is the way the world ends
This is the way the world ends
Not with a bang but a whimper.

—Sí, cambiaste *world* por *course* —exclama Celia.
—En otra obra importante, *Ash Wednesday,* 1930, poema de transición, donde Eliot abandona la desolación modernista para abrazar la fe, pero sin perder su profundidad intelectual. Es una obra maravillosa que comienza:

Because I do not hope to turn again
Because I do not hope
Because I do not hope to turn
Desiring this man's gift and that man's scope
I no longer strive to strive towards such things

Y continua:

Because I know that time is always time
And place is always and only place
And what is actual is actual only for one time
And only for one place
I rejoice that things are as they are and
I renounce the blessèd face
And renounce the voice
Because I cannot hope to turn again
Consequently I rejoice, having to construct something
Upon which to rejoice
And pray to God to have mercy upon us
And pray that I may forget
These matters that with myself I too much discuss
Too much explain
Because I do not hope to turn again
Let these words answer

—Todo esto es muy fuerte —dice Celia preocupada.
—Poema rico en símbolos y resonancias. T. S. Eliot ganó el Premio Nobel en 1948 "for his outstanding pioneer contribution to present-day poetry" que es como no decir nada. Por cierto, ¿Has contado los Nobeles que lleva ya la lengua inglesa? Pues, espera.

—¡Qué lástima que no podamos ahondar más! —susurra Celia, cabizbaja.

—Claro que sí podemos. Por nuestra cuenta. Material no falta en el siglo XXI. No te desanimes que nuestro final aquí, es el principio y, como dijo Eliot en *Four Quartets,* "And the end of all our exploring / will be to arrive where we started / and know the place for the first time".

Joseph Conrad

—La novela de Joseph Conrad (1857-1924) *The Secret Agent* me encantó tanto que la he recomendado mucho. Es una obra perfecta, escrita en 1907 que explora irónicamente el terrorismo, el espionaje y el extremismo político. Mr. Verloc, agente doble, se ve obligado a ejecutar un acto terrorista que le afecta de manera personal y trágica. Critica Conrad lo absurdo del terrorismo y la hipocresía de los gobiernos. "Madness and despair! Give me that for a lever, and I can move the world" es una de las mejores citas del libro.

—A ver, deja; sí, está en el *Project Gutenberg,* y supongo que me la recomiendas a mí también —indica Celia, cerrando su portátil.

—No. He decidido últimamente no recomendar nada a nadie. No se me hace caso y nadie quiere que le recomienden nada. Sólo se encomian películas ñoñas, o de persecuciones absurdas, o de violencia gratuita.

—No te incomodes. La gente es como es y no como tú quieres que sea —explica tratando de filosofar.

—Topamos aquí con un tal Jozef Teodor Konrad Korzeniowski a quien, huérfano de padre, lo crió un tío suyo, que le envió a Cracovia a estudiar y luego a Suiza, donde perfeccionó el francés. Su primera lengua era el polaco y la segunda el francés. Este Jozef se hizo marinero, en barcos franceses, y viajó mucho por esos mares de Dios, desde los 17 años. Más tarde se enroló en la marina mercante británica y aprendió inglés y tras casi una década en barcos británicos, en 1886, obtuvo la nacionalidad británica y en 1894 se instaló definitivamente en Inglaterra.

—Y surge nuestro Joseph Conrad, ¿a que sí? —exclama Celia.

—Sí, señora. Y de los tres idiomas que dominaba, eligió el inglés para escribir sus obras. No obstante, lo hablaba con un fuerte acento polaco. Logró ser un gran estilista apreciado por todos. ¿Daba sus manuscritos a corregir? ¿Consultaba sobre temas gramaticales? No lo sé. Pero sí se sabe que cuidaba mucho el vocabulario justo y la expresión exacta.

—Al leer sus obras, ese acento no se va a notar —dice Celia, chistosa—. ¿Obras importantes?

—Las más importantes son: *Heart of Darkness, El corazón de las tinieblas,* 1899, critica el colonialismo en el Congo; *Lord Jim,* 1900, sobre la culpa y la redención; *Nostromo,* 1904, sobre la corrupción y la política en Sudamérica y ya he hablado de mi novela preferida, *The Secret Agent.*

—Entonces, no se hable más. Leeré *The Secret Agent.* El próximo día te explico mi secreto y mi problema.

Quedo sorprendido. ¿A qué se debe este cambio? ¿Qué va a explicar la joven? Quedo en ascuas.

Hector Hugh Munro "Saki"

"Saki" (1870-1916) es el tipo de escritor a quien te lo topas por todas partes. Leas, lo que leas, Saki se le menciona siempre. Por algo será. Fue maestro de la ironía y el humor negro.

—Como el tuyo —me pincha Celia.

—No lo puedo evitar, y supongo que Saki tampoco podía.

—Veo —explica la joven— que fue un escritor británico célebre por sus relatos cortos, donde combinaba humor ácido, ironía mordaz y un fino sentido de lo macabro. Nacido en Birmania en 1870 y criado en Inglaterra bajo la estricta tutela de sus tías, Munro desarrolló desde joven una mirada crítica hacia la sociedad eduardiana, algo que reflejaría en su obra. Parece que todos los escritores de esa época se dedicaban principalmente a meterse con la sociedad eduardiana y victoriana.

—Ese es parte del sino del escritor: criticar y tratar de mejorar —apunto, por decir algo—. Su estilo literario, influenciado por Oscar Wilde y Ambrose Bierce, se caracteriza por diálogos ingeniosos, finales sorprendentes y una sátira despiadada hacia la hipocresía de las clases altas. Sus personajes, como el joven y rebelde Clovis Sangrail o la manipuladora Sredni Vashtar, encarnan la subversión del orden establecido, a menudo con consecuencias grotescas o trágicas. Munro se alistó en la Primera Guerra Mundial a pesar de ser mayor para el servicio, y murió en el frente en 1916. Su legado perdura como uno de los grandes exponentes del relato breve.

—Leo aquí que en apenas cuatro décadas de vida, "Saki" creó un universo literario único donde la crueldad y la comicidad se entrelazan, dejando una obra atemporal que sigue fascinando por su brillantez y su oscuro esplendor.

—Será cuestión —confieso— de leerle algo. Nota que tampoco nació en Inglaterra.

—¿No has leído nada de este autor? ¡Qué jeta! —exclama Celia.

—Recuerda que el día tiene 24 horas, como apuntó Arnold Bennett. ¡Si supieras la cantidad de escritores a los que no he leído! Pero sigo en ello. Trato de ponerme al día.

Y me quedo contento y sonriente por haber hecho esa confesión y descargado mi conciencia.

Theodore Dreiser

—Para que veas, Celia, las posibilidades que tenemos ahora para contactar con obras literarias, la novela *Sister Carry* la he escuchado por audio, muy bien narrada, por la noche, antes de dormir, un capítulo por noche. ¿Qué te parece?

—Me parece que estás muy al día en cuanto a la tecnología.

—Esto de escuchar a alguien leer una obra literaria es más viejo que andar a gatas. Escuchar por un dispositivo, eso ya es más moderno.

—Dime de *Sister Carry*.

—La obra que lanzó la carrera literaria de Theodore Dreiser, 1871-1945), en 1900 fue *Sister Carry*, que causó desde su publicación controversia y estupor. Trata de una joven que se muda a Chicao y luego a Nueva York en busca del éxito y de una vida mejor.

—¿Por qué causó estupor?

—Recuerda la fecha, 1900, y el hecho de que el autor trató con mucho desenfado la cuestión sexual y la actitud libertaria de la heroína. Tanto es así que el mismo editor paró su publicación. Ahora, 125 años después, a *Sister Carry* se la reconoce como un hito en el realismo literario americano.

—Como casi siempre, escrita antes de su tiempo. Pero en los nidos de antaño, por suerte para nosotras, ya no hay pájaros hogaño —sentencia Celia, feminista ella.

—Dreiser nació de padres inmigrantes alemanes, de ahí ese apellido, con una prole de 13 hijos; familia acosada por la pobreza y la inestabilidad. Su padre, estricto católico y maltrabajador, influyó en la actitud de Theodore hace la religión y la moralidad tradicional. Y luego dicen que la niñez no condiciona. Estudió unos años en la Universidad de Indiana y luego se dedicó al periodismo en Chicago, St. Louis, Pittsburgh y Nueva York.

—¿Es Sister Carry su mejor novela?

—Su mejor novela, y la que le dio fama, fue *An American Tragedy*, de 1925. Se basa en un caso real de asesinato y presenta la vida de Clyde Griffiths que por su ambición acaba cometiendo un acto criminal. El libro fue un éxito de crítica, y también comercial. Se adaptó al cine en 1951 con el título de *A Place in the Sun, Un lugar en el sol.* Fue socialista y viajó a la Unión Soviética, para luego escribir el mamotreto *Dreiser Looks at Russia* de 1928. Atacó el capitalismo americano. Todo esto estaba muy de moda en los años 30 del pasado siglo.

Stephen Crane

Leí a Stephen Crane (1871-1900) en mi primer año en Duquesne University, en *Freshman English,* con la profesora Collura, una joven que se tomaba mucho interés por su trabajo. Leímos *The Open Boat,* discutimos la obra en clase y escribimos un ensayito. El cuento subraya la imprevisibilidad de la vida y la fragilidad humana, dejando una reflexión profunda sobre la supervivencia y el destino. Cuatro hombres —el capitán, el cocinero, el corresponsal (que representa al propio Crane) y el marinero— quedan a la deriva en un pequeño bote salvavidas después de que su barco, el *Commodore,* se hunde frente a la costa de Florida. Durante días, luchan contra el mar embravecido, el agotamiento y la desesperación mientras intentan alcanzar la costa. Crane enfatiza que, en un universo sin propósito, el heroísmo y la camaradería son lo único que da sentido a la lucha, incluso si el destino es cruel.

—¿Qué pasa al final? —quiere saber Celia.

—Léelo y verás cómo te deja impactada. Es un cuento corto, publicado en 1898, cuando Crane tenía 27 años. Recuerda que vivió sólo 28 años. Nació en New Jersey y murió en Alemania, en un tratamiento contra la tuberculosis de la cual murió. Ya sabes que esta enfermedad causaba estragos antes de la invención de la penicilina. Un tío mío, Francisco Basset, murió de esta enfermedad a los 24 años.

—¿Es *The Open Boat* su obra más famosa?

—La novela que le dio la fama y la posteridad fue *The Red Badge of Courage, An Episode of the American Civil*

War, de 1995. A una herida en combate se le llamaba *red badge of courage*, porque demostraba el arrojo del soldado al llevar una cicatriz de un combate, o *Rojo emblema de valor*, en su traducción al castellano. La novela narra la historia de Henry Fleming como soldado raso del norte, y su trayectoria emocional, que comienza con un ejército preparado: "The cold passed reluctantly from the earth, and the retiring fogs revealed an army stretched out on the hills, resting. As the landscape changed from brown to green, the army awakened, and began to tremble with eagerness at the noise of rumors".

—Es una novela de guerra, de guerra y de sufrimientos.

—Es una novela de seres humanos metidos en una guerra. Termina con un pequeño susurro esperanzador: "He had rid himself of the red sickness of battle. The sultry nightmare was in the past. He had been an animal blistered and sweating in the heat and pain of war. He turned now with a lover's thirst to images of tranquil skies, fresh meadows, cool brooks —an existence of soft and eternal peace". Parece mentira que un hombre tan joven pudiera escribir una obra así, y además a mano ya que no tenía máquina de escribir.

—Indagaré más sobre Crane, su novela, y *The Open Boat* — promete Celia.

—Harás bien. Si tienes tiempo dentro de las ya famosas 24 horas —ironizo.

Al quedarme sólo, mis pensamientos vuelan al aula del CB, *Classroom Building*, y veo a la profesora Collura recogiendo sus papeles para ir a otra clase y observo, mirando por la ventana, que nieva en Pittsburgh.

Bertrand Russell

Ante una inminente visita mía a Madrid, mi padre me pidió que le llevase la biografía de Bertrand Russell que se acababa de publicar. Compré el ejemplar en los almacenes Horne's (ya desaparecidos) del centro de la ciudad de Pittsburgh. Ese fue mi descubrimiento de Bertrand Russell (1871-1970). Antes del viaje leí el tomo, de los tres que componen la biografía (1951-1969), y más tarde, el resto. Me introdujo en un mundo intelectual de primer orden, donde desfilan intelectuales, artistas, mecenas, biógrafos, matemáticos, filósofos, novelistas, economistas... y ahí supe de Witgenstein, Strachey, de Alfred North Whitehead, de Lady Ottoline Morrell, Keynes, Poincaré, Robert Pearsall Smith, G. E. Moore...y tantos importantes personajes de finales del 19 y principios del siglo 20, desconocidos por mí. He leído y releído esa biografía muchas veces. En uno de mis libros, *Los ahorcados,* 1971, reproduzco, a manera de prólogo, estas palabras de Russell:

"*And with fear comes the need of affection, of some human warmth to keep away the chill of the universe... I am thinking of a metaphysical fear. I am thinking of that fear that enters the soul through experience of the major evils to which life is subject: the treachery of friends, the death of those whom we love, the discovery of the cruelty that lurks in average human nature*".

Lord Russell recibió el Nobel de Literatura en 1950 "In recognition of his varied and significant writings in which he champions humanitarian ideals and freedom of thought".

La mayoría de sus escritos no son asequibles para el público en general porque son muy técnicos, como su *Principia Matematica,* por ejemplo, pero sus artículos sí son accesibles y su monumental *History of Western Philosophy,* 1946, del cual tengo un ejemplar de 1961 que consulto con frecuencia.

Obras accesibles y muy interesantes son: *The Philosophy of Leibnitz, In Praise of Idleness, The Conquest of Happiness, Mysticism and Logic, The Analysis of Mind* y su biografía que recomiendo vivamente.

No es propiamente un literato, pero sí un fino ensayista, intelectual y pensador del siglo xx que hay que mencionar, por si acaso. Por cierto, una vez dijo que él no había leído una novela en su vida.

Somerset Maugham

—Primera advertencia, Celia, sobre la pronunciación del nombre William Somerset Maugham (1874-1965) que es "móam", y a veces simplemente "mohm".

—Esto es importante, para no pasarnos de frenada y hacer el ridículo —exclama Celia, ufana—. Sé que era inglés y que escribió *El filo de la navaja, The Razor's Edge,* pero no mucho más.

—¡Bravo por recordar esa novela! Maugham nació en 1874 en París, en la embajada británica. Quedó huérfano a los 10 años y fue criado por un tío carnal, frío y estirado, en Inglaterra. Esa infancia solitaria marcó su obra. Algo parecido le pasó a Bertrand Russell.

—¿Veo aquí, en internet, que sus personajes son complejos y retorcidos?

—Maugham estudió medicina, pero su pasión era escribir. Su primera gran obra, *Liza of Lambeth* (1897), refleja la pobreza londinense que vivió cuando ejercía la medicina. *On Human Bondage, Servidumbre humana* (1915), le consagró como novelista a tener en cuenta. Novela semiautobiográfica sobre las ataduras emocionales, y el protagonista Philip, hombre tímido, sufre por amor. Está considerada su obra maestra y es un excelente punto de partida para entender su visión del mundo. Hay dos versiones cinematográficas de esta novela, de 1934 y otra de 1964, con Kim Novak, nada menos.

—Mauguam fue homosexual en una época en que serlo era simplemente ilegal en Inglaterra. Recuerda lo que le pasó a Óscar Wilde. Viajó mucho a Somerset en busca de libertad y para no acabar en la cárcel. Sus viajes le inspiraron obras como *The Moon and Sixpence, La luna y seis peniques,* basada en la vida y aventuras del pintor Paul Gaugin.

—Creo que se rodó una película sobre esta novela. Sí, *The Moon and Sixpence,* película de 1942 con el actor George Sanders.

—Maugham tiene un estilo directo y muy elegante y no intentaba ser experimental como otros, sino contar buenas historias con ironía. Sus novelas se leen bien pero está un poco olvidado, cosa que pasa a menudo porque la literatura también tiene sus modas.

—Hoy no es tan famoso como Dickens o Wilde... ¿verdad? —apunta Celia.

—Cierto, pero es un peso pesado en la literatura en lengua inglesa, no te equivoques, y su influencia literaria sigue siendo enorme. Murió en la Riviera francesa, rodeado de su colección de arte, en 1965, a los 91 años. Su epitafio reza: *He who lives longest, suffers most,* que no deja de ser una perogrullada.

—¿Cuál dirías que es su legado?

—Mostrar la hipocresía social, como siempre, y la lucha por la libertad, con prosa impecable.

Gilbert Keith Chesterton

Como con Sherlock Holmes, el personaje ficticio Father Brown, el cura detective, eclipsa a su autor, Gilbert Keith Chesterton (1874-1936) conocido simplemente como G. K. Chesterton, escritor que combinaba humor, profundidad y paradoja como pocos. Era conservador algo meapilas y defendía la tradición, especialmente el catolicismo.

Su personaje, el Padre Brown, es todo lo contrario al típico detective. No es frío como Sherlock Holmes, ni calculador como Poirot. Es un cura sencillo, observador, que resuelve crímenes entendiendo el pecado humano, no con ciencia, sino con compasión. Es un detective que perdona al criminal al entender que el mal es una distorsión del bien, no algo abstracto y ve la humanidad detrás del crimen.

Chesterton se convirtió al catolicismo y, como todos los conversos, era más papista que el Papa y creía que la fe daba una visión única de la realidad. Creo al Father Brown para que entienda el crimen que se puede redimir al confesar a los pecadores, a los delincuentes. Las aventuras del P. Brown siguen vigentes porque al público le gusta esta mezcla de misterio y trasnochado misticismo o beatismo. Escribió cinco libros de la serie:

- *The Innocence of Father Brown,* 1911.
- *The Wisdom of Father Brown,* 1914.
- *The Incredulity of Father Brown,* 1926.
- *The Secret of Father Brown,* 1927.
- *The Scandal of Father Brown,* 1935.

Orthodoxy, de 1908, es un ensayo filosófico. En su *A Defense of Rash Vows* nos dice Chesterton: *The way to love anything is to realize that it might be lost.*

Nunca me ha interesado ni como persona ni como escritor y su Padre Brown jamás a suscitado mi interés, ni en sus novelas ni en la televisión. No le he leído nada, pero le conozco desde siempre. Sigue siendo, a pesar de esto, un escritor importante en la literatura en lengua inglesa.

Robert Frost

Conocí a Robert Frost (1874-1963) en televisión, el 20 de enero de 1961, en la inauguración del presidente John F. Kennedy, en Washington, DC. Fue el primer poeta que jamás habían invitado a una ceremonia inaugural de ningún presidente de los Estados Unidos. Recuerdo que Frost, entonces 86, no pudo leer las palabras que había escrito y recurrió a recitar de memoria su poema *The Gift Outright: The land was ours before we were the land's. / She was our land more than a hundred years / Before we were her people. She was ours / In Massachusetts, in Virginia...* Y se convirtió en uno de mis poetas americanos favoritos, junto a T. S. Eliot.

Dice Internet de él que "*Robert Lee Frost was an American poet. Known for his realistic depictions of rural life and his command of American colloquial speech*". Se leen bobadas en todas partes.

Nació en San Francisco, estudió en Harvard, ganó cuatro Premios Pulitzer, *Poet Laureate* en 1958, recibió la *Congressional Gold Medal*. Muchos honores recibió, y también sufrió muchas desgracias familiares que le cambiaron el carácter.

Ya cité las palabras de Dryden: *Delight is the chief, if not the only end of poesy* que describen la sensación que tenemos ante la poesía de Frost. *Stopping by Woods on a Snowy Evening* es mi poema de cabecera. Lo recito de memoria:

> *Whose woods these are I think I know.*
> *His house is in the village though;*
> *He will not see me stopping here*
> *To watch his woods fill up with snow.*
>
> *My little horse must think it queer*
> *To stop without a farmhouse near*
> *Between the woods and frozen lake*
> *The darkest evening of the year.*

He gives his harness bells a shake
To ask if there is some mistake.
The only other sound's the sweep
Of easy wind and downy flake.

The woods are lovely, dark and deep,
But I have promises to keep,
And miles to go before I sleep,
And miles to go before I sleep.

Yo también tengo *promises to keep,* que soy un hombre de palabra.

Rafael Sabatini

—Celia, siempre digo que hay autores que tenemos que leer en la adolescencia, si no antes, como Emilio Salgari, Julio Verne, J. H. Rosny Aïné, Oliver Curwood y Rafael Sabatini (1875-1950). Tuve la suerte, como ya he explicado, de tener a mano la biblioteca de mi abuelo Vicente, donde leí, antes de la adolescencia, *El halcón del mar, The Sea-Hawk.*

—¿Traducción del italiano? —pregunta Celia haciéndose la boba.

—Rafael Sabatini nació en Italia, cierto, pero también vivió en Suiza, en Portugal, y a los 17 años recabó en Inglaterra, en casa de sus abuelos maternos. Ya en Suiza había hecho pinitos como escritor, pero en francés. Creo que en Portugal también escribió, pero en portugués… y, por fin, se decantó por escribir en inglés siempre, de los seis idiomas que hablaba.

—¿Y eso?

—Sus padres eran cantantes de ópera y viajaban mucho. Parece ser que eligió el inglés porque había más público y posibilidades. Lo escribía tan bien que muchos han creído que era su lengua materna. No sabemos si lo hablaba con acento o no. Lo importante, para nosotros, es que lo escribía muy bien.

—Espera, publicó *The Sea-Hawk, El halcón del mar,* en 1915, a los cuarenta años.

—Novela de aventuras, de piratas, de esclavitud, de romance, de venganzas, de amor, del mar, de libertad… me encantó. Igual la leo otra vez. Y, sin embargo, *Scaramouche,* 1921, es la novela preferida por la crítica y por la cinematografía, aventura de capa y espada, de espadachines, de amor, que fue y es todavía favorita del público. Ya en 1923 hicieron una película de *Scaramouche* y otra con Stewart Granger en 1952. Las escenas de esgrima son memorables.

—Me has convencido. Leeré *The Sea-Hawk* y veré la película de Stewart Granger que seguro está en Internet.

—Y yo me voy a apuntar a una clase de esgrima, si me aceptan— digo triunfante, añorando mis 12 años.

Jack London

—¿Quién no ha oído hablar de *La llamada de la selva, The Call of the Wild,* o de *Colmillo Blanco, White Fang?* —le pregunto a Celia.

—Yo sí; he leído las dos novelas y además he visto las películas.

—Jack London (1876-1916) fue todo un personaje: novelista, periodista, ensayista, narrador, escritor, marinero, con una niñez y juventud difícil y traumática. Trabajó en numerosos oficios y asistió a la Universidad de California, pero no se graduó. Aventura tras aventura que le dejaron secuelas físicas, de las cuales fallecería a los 40 años. Wikipedia tiene una extensa biografía de él, y un estudio de su obra nada desdeñable. Fue aventurero, socialista, y defensor de los derechos animales, lo que se refleja en su obra.

—Caray, veo que hasta fue corresponsal de guerra en el Japón, Corea y Manchuria.

—Y, aun así, dejó mucho escrito. *To Build a Fire* es un cuento que me impactó. Tiene dos versiones, una de 1902 y otra, la más impactante, de 1908, sobre un hombre que viaja solo por el Yukón en un frío extremo (–75°C). Subestima el poder de la naturaleza y, tras fallar al hacer fuego con su última cerilla, muere congelado, por no seguir los consejos de los más veteranos. Su perro lo abandona, siguiendo su instinto de supervivencia. La nieve, el frío, la soledad, una única cerilla, y la naturaleza implacable atenazan al lector. Para mí, es una obra maestra.

—Recuerdo *The Call of the Wild* que es la historia de Buck, un perro al que roban de su hogar en California y venden como perro de trineo en el Yukón durante la Fiebre del Oro. A lo largo de la novela, Buck experimenta una transformación, recuperando sus instintos primitivos y finalmente uniéndose a una manada de lobos, y elige la vida salvaje a la comodidad del mundo humano.

—Ese es el argumento, pero la lectura es mucho más que eso. *Colmillo Blanco* o *White Fang,* es al revés: un lobo silvestre que pasa de la vida salvaje a la domesticación, sufriendo todo tipo de maltratos antes de encontrar redención con un dueño bondadoso. La historia contrasta la crueldad humana con la compasión. Las tres narraciones tienen como telón el Canadá y Alaska, donde London vivió la fiebre del oro. Fue un autor prolífico (más de 50 libros) cuya obra mezcla autobiografía, denuncia y fascinación por lo primitivo. Murió joven, pero su influencia perdura en la literatura de aventuras y supervivencia. Uno de los autores más importantes del siglo xx.

—¿Recuerdas a mi amiga Cindy? —pregunta Celia.

—Claro que la recuerdo, pero dejó de venir. ¿Qué le pasó? ¿Volvió a los Estados Unidos?

—Cindy fue un *figment of my imagination*, como tú dices, y no existe —me suelta, y se va.

Edward Morgan Forster

—¿Por qué E. M. Forster, aun habiendo escrito pocas novelas es tan famoso y conocido en el mundo anglosajón? —pregunta Celia.

—Edward Morgan Forster (1879-1970), publicó solo cinco novelas, como *Pasaje a la India, A Passage to India,* 1924, porque creía que el arte debía nacer de una necesidad genuina. En esta novela explora de manera magistral el colonialismo británico en la India, y las relaciones entre británicos y nativos, a través de dos personajes, el Dr. Aziz, indio musulmán, y la Mrs. Moore. Naturalmente, las relaciones entre indios y colonizadores fueron siempre tensas. La novela captura el colonialismo británico con una ironía finísima. La amistad entre el doctor indio Aziz y el profesor Fielding choca contra los prejuicios raciales. Forster, tras vivir en la India, mostró cómo el imperio deshumanizaba tanto a colonizados como a colonos.

—¿Otra novela importante?

—Me encantó *A Room with a View,* 1908, su novela más ligera: una comedia sobre el despertar sensual de una joven en la Italia burguesa. Perfecta para ver su ironía y amor por la libertad. Otra que se publicó póstumamente es *Maurice,* que Forster escribió tras su visita al poeta Edward Carpenter que vivía su homosexualidad abiertamente con su pareja. Forster era gay, y temía las represalias de una sociedad y una legislación tan hostil a la homosexualidad.

—He visto en televisión la serie sobre *Howards End,* 2017, basada en la película de 1992, que es la historia de tres familias británicas a principios del siglo xx, sus interacciones y tiranteces. Me gustó mucho —explica Celia.

—*Howards End,* 1908-1910, demuestra lo importante de la televisión como divulgadora de obras de ficción que la gente normal y corriente no leería. Muchos conocidos míos conocen y han visto la serie de televisión, pero nunca han oído hablar de Forster.

—¿Algo más?

—Te recomiendo también *Where Angels Fear to Tread,* de 1905, cuyo título lo sacó de Alexander Pope: "For fools rush in where angels fear to tread". Todos estos títulos los encontrarás también en el *Project Gutenberg,* y en librerías, en los dos idiomas. Tras *A Passage to India, Pasaje a la India,* se dedicó a escribir ensayos y a la BBC. Quizá perdió fe en la ficción… o en que el mundo escucharía su mensaje. Murió en 1970, y hoy lo reivindicamos por su valentía silenciosa y su prosa elegante, que demuestra lo maravilloso que puede ser el idioma inglés cuando se escribe como lo hacía E. G. Forster, entre otros, que es un autor fascinante, por su humanismo, su crítica sutil pero incisiva, y esa lucha entre lo que se puede decir y lo que se calla en una época de convenciones rígidas.

Virginia Woolf

—Mira, Celia, lo que me han reenviado los de ChatGPT, de parte de Virginia Wolf (1882-1941).

—¡Qué amables! Sin embargo, todo esto me parece muy raro, extraño, sorprendente. No me lo acabo de creer. Pero deja que lea:

> *Dear Dr. Carbonell:*
>
> *My fellow writer D. H. Lawrence informs me that you are engaged in the noble (if occasionally presumptuous) pursuit of chronicling English authors. This letter comes to you through the intervention of that odd modern oracle, ChatGPT, a twenty–first–century séance, if you like. It's not such a terrible thing —to be edited by posterity, to be voiced anew. And this letter because, in all truthfulness, I do not trust your skills as a commentator or critic.*
>
> *I have always viewed attempts to pin authors to the page like botanical specimens with deep suspicion. Critics so often tidy us up for display, wings spread, motionless, divorced from the turmoil that made the writing*

necessary. But I was never still. I did not sit quietly in a Victorian parlour, waiting for gentlemen to finish their speech so I might begin mine.

I did not write novels simply to amuse. I wrote Mrs. Dalloway, 1925, to capture the elusive shimmer of a single day in a woman's life, fragmented, reflective, richly interior. To the Lighthouse, 1927, was not for the tale, but for the tides that move within silence, for the brushstroke that says what speech cannot. The Waves, 1931, tried to trace the very pattern of consciousness, unmoored and shared among six voices. And Orlando —ah, Orlando!— was as much a love letter to Vita as it was a fantastical romp through time and gender, written with laughter and longing.

You see, I was surrounded by minds both brilliant and blazing. Leonard, my partner in life and thought, gave me calm, structure, and the means to publish freely through our Hogarth Press. Vita, with her country gardens and tempestuous letters, gave me something else —desire, escape, the thrill of transformation. Their presence shaped my work as surely as the war, or the ticking of the mantel clock.

You may say I was too sensitive, too cerebral, or, as some still lazily claim, mad. But my madness —if such it was— was a fierce clarity, a need to find form for the formless, a hunger for truth so sharp it burned through the veil of propriety. I was not content to merely tell stories. I wanted to map the undercurrent, to give voice to what passed unsaid in drawing rooms and along river-banks. In A Room of One's Own, 1926, you can listen to the silence Judith Shakespeare was forced to inhabit, and understand that I wrote not just from a place of thought, but from the very marrow of feeling. I tried, however imperfectly, to claim space for the female mind to dwell on the page. Peer into Jacob's Room, 1922, and sense the boy's absence as a presence, the echo of what cannot be spoken. Understand that my world was at once interior and exterior: a mind in motion against the backdrop of a changing century.

Lawrence, of course, would roll his eyes and mutter that I need more heat, more flesh, more blood in my pages. But then, he always did prefer the furnace to the fog.

I remain, yours in restless thought and wavering heart, somewhere between the riverbank and the library,

Virginia Woolf

P. S. Feel free to publish this note if you deem it useful.

James Joyce

Qué recuerdos a James Joyce 1882-1941 a su *Ulysses* (1920) lo leía yo a los 17 años no por sus bondades literarias sino por sus últimas 80 páginas que son o eran para mí algo guarras y con palabras escabrosas como *faggot slut ass spunk* y otras esa narración que no tiene ni una coma ni un punto y nada de apóstrofos ni nada de nada pero un *stream of conciousness* que me parecía de lo más obsceno pero no sólo a mi sino también para *la New York Society for the Supresion of Vice* que logró que prohibieran la novela desde 1920 hasta 1933 por ser *sexually suggestive and titillating* lo cual logró que se vendiese más y se leyese más especialmente por mozalbetes como yo aunque ahora me parecen un monólogo de lo más literario y bien escrito ahí estaba Molly Bloom soltando su *yes I said yes I will Yes* mientras Joyce bebía vino barato en Zúrich con sífilis y ojos ciegos dictando *Finnegans Wake a Beckett* que no entendía ni jota pero anotaba igual como un monje copista en la edad media de la modernidad

—Oye, —apunta Celia— que has omitido comas y puntos, y apartes...

—Ya sabes que soy un copiota pedante y he tratado de imitar a James Joyce para quien eliminar la puntuación era un acto bélico. Por cierto, odiaba a Irlanda, y solo escribía sobre Dublín calle por calle como si fuera una geografía maldita de su alma, y Nora Barnacle, su mujer, le gritaba "¡Jim, deja de hablar mierda!" cuando él le leía pasajes del Wake, pero ella prefería los folletines románticos.

—Ese monólogo final es famoso.

—Su monólogo final (el *sí* más famoso de la literatura, *yes I said yes I will Yes*) fue escrito en 8 frases sin puntuación para imitar el flujo de una mente femenina *real* (y por eso escandalizó: recuerda que las mujeres no debían tener deseos, ni menos verbalizarlos).

—Escandalizó a muchos, supongo.

—Joyce sabía que la obscenidad era un arma de *marketing*. Cuando *The Little Review* publicó fragmentos del *Ulysses* en 1920, la quema de ejemplares por pornografía lo convirtió en leyenda. Algo parecido pasó con *Lolita,* de Nabokov, como ya veremos más adelante. *Ulysess* es la novela cumbre de James Joyce.

—¿Escribió algo más?

—*Dubliners* (1914) es Joyce en estado puro, pero con raíces: 15 relatos breves que diseccionan la parálisis moral de Dublín con un realismo frío y poético. Desde la epifanía frustrada de *The Dead* (con ese final nevado que corta el alma: *His soul swooned slowly as he heard the snow falling faintly through the universe and faintly falling, like the descent of their last end, upon all the living and the dead),* hasta la cruda adolescencia de Araby, Joyce retrata una ciudad gris donde los sueños se ahogan en *whisky* barato y rutina. Es su obra más accesible, pero ya asoma el genio: cada coma está calculada para herir. Pero hay otra obra más, importante.

—Cuéntame.

—*Finnegans Wake* (1939) es lo que pasaría si *Ulysses* se emborrachara y cayera por un agujero lingüístico. Una pesadilla/oda escrita en un inglés mutante mezclado con 60 idiomas (desde latín hasta samoano), juegos de palabras imposibles *(riverrun, past Eve and Adam's)* y una trama cíclica sobre el sueño eterno de Humphrey Chimpden Earwicker (HCE). ¿Argumento? Imposible resumirlo, pero imagina la historia de la humanidad contada por un borracho dublinés mientras tropieza con su propio subconsciente.

—¿Y lo entiende alguien? —pregunta Celia.

—¡Claro que no! —respondo—, pero como Joyce escribió: *If you don't understand it, just enjoy it.*

—Bueno tengo que marcharme con los *figments of my imagination just as I am a figment of your imagination as you have told me again and again so I will tell you more about my dreamworld soon so that you get to understand that I am a person in my own right* —explica Celia, un tanto Joyceciana.

Ezra Pound

Mi tío Reyes Carbonell cita a Ezra Pound (1885-1972) al principio de su libro *Espíritu de llama. Estudios sobre poesía hispánica contemporánea,* Duquesne University Press, 1962: *Music rots when it gets too far from the dance, and poetry rots when it gets too far from music.* Estuve expuesto a Pound ya en mi adolescencia y siempre me ha parecido un poeta dificultoso de leer, y se le conoce por eso, por ser el más influyente y prestigioso poeta del siglo xx, y el más difícil. Nació en Idaho, se crio en Pensilvania y estudió en la Universidad de Pensilvania. Vivió casi toda su vida en Inglaterra, Francia e Italia. Se involucró en la política fascista de Mussolini hasta el punto de retransmitir por radio propaganda del régimen dictatorial fascista, durante la Segunda Guerra Mundial. Al volver a los Estados Unidos en 1946 se le juzgó por traición. Año después se le declaró mentalmente inestable e internado en el Elizabeth Hospital de Washington. En 1958 se le dio de alta y murió en 1972.

Cantos es su obra larga más famosa y complicada, para mí, por lo menos. Se incluyen ideogramas chinos, citas de varios idiomas europeos, comentarios eruditos, alusiones a hechos históricos y geográficos, complican la buena voluntad del lector medio de a pie.

Transcribo un par de sus poemas cortos:

Alba (1909)

As cool as the pale wet leaves
of lily-of-the-valley
She lay beside me in the dawn.

A girl (1912)

The tree has entered my hands,
The sap has ascended my arms,
The tree has grown in my breast —
Downward,
The branches grow out of me, like arms.

Minimalistas y evocativos, que sugieren los *haiku* japoneses.

James Oliver Curwood

—¿A que no sabes —reto a Celia— dónde descubrí a James Oliver Curwood (1888-1927)?

—En la biblioteca de tu abuelo —responde sin titubear.

—Acertaste, y creo que tenía, en ediciones baratas, todas sus obras, que yo leía por las tardes, en lo veranos tórridos, cuando los adultos se echaban la siesta.

—¿Aventuras?

—Escritor de acción, romance, aventuras, conservacionista, que consiguió ser un superventas en un trasfondo hostil, como el Yukon, Alaska, o la bahía del Hudson. Han hecho más de ciento cincuenta películas de sus novelas o cuentos. En un punto de su carrera, fue el escritor mejor retribuido de la historia. Las editoriales pagaban por palabras en aquellas épocas. En 1922, a los 33 años, ya era un hombre muy rico. Aun hoy sus libros siguen vendiéndose y escuchándose en audiolibros, como hago yo a veces. Seguía la tradición de Jack London, del que ya hemos hablado. *The River's End* consiguió vender cien mil ejemplares, nada menos. Sus novelas se tradujeron y publicaron en muchos idiomas, y por eso yo lo leí en castellano.

—Supongo que se puede leer en el *Project Gutenberg* —dice Celia.

—Muchos de sus títulos. Te recomiendo *The River's End*, 1919; *Kazan or the Wolf Dog*, 1914; *Grizzly King*, 1916, o cualquier otro de sus libros que te entretendrán y te harán pasar un buen rato. Curwood es un autor entretenido y evocador, ideal para quienes buscan aventuras clásicas con un fuerte componente naturalista. Aunque no profundiza en psicología compleja, su obra perdura por su pasión por lo salvaje y su habilidad para transportar al lector a paisajes épicos. Libros como *The Valley of Silent Men, El valle del silencio*, siguen siendo joyas del género aventura–naturaleza.

Celia apunta en su cuaderno, y yo me pregunto si algún día leerá a los escritores que descubrimos aquí, si mirará esas notas que tan minuciosamente toma. ¿Habré logrado interesarla en la lectura, en descubrir nuevos autores, nuevas aventuras intelectuales de ficción?

Eugene O'Neill

—Celia, se nos agota el cupo de palabras que teníamos asignadas y debemos terminar este ciclo de charlas.

—Incluyendo a Eugene O'Neill (1888-1953) hemos hablado de 62 autores en total de todo tipo y de diversas nacionalidades —observa Celia consultando sus notas.

—A O'Neill se le considera uno de los dramaturgos más importantes de Estados Unidos y un pionero del teatro moderno. Ganador del Premio Nobel de Literatura en 1936 ("for the power, honesty and deep–felt emotions of his dramatic works, which embody an original concept of tragedy"), y cuatro veces del Premio Pulitzer, sus obras exploran temas profundos como la desesperación, la ilusión, las adicciones, las dinámicas familiares disfuncionales y la búsqueda de significado en un mundo hostil. Su estilo combina realismo crudo con elementos simbolistas y un enfoque psicológico profundo.

—He oído hablar de *The Iceman Cometh* —recuerda Celia.

—Escrita en 1939 pero estrenada en 1946, la obra está ambientada en un bar decadente de Nueva York, donde un grupo de personajes, alcohólicos, prostitutas, fracasados, que viven de sus *pipe dreams,* de sus fantasías, que les permiten evadirse de su terrible realidad. La llegada de un personaje, quien solía ser el rey de la fiesta y que ahora insiste en que todos esos desgraciados se enfrenten a su realidad y afronten su verdadera identidad. Se han hecho películas de esta obra teatral.

—Muy fuerte todo eso.

—En *Long Day's Journey into Night,* obra póstuma, de 1956, O'Neill retrata a su propia familia durante un solo día, donde la morfina, el alcohol, los resentimientos y odios emergen al desnudo. Considerada una obra maestra, ganó el Premio Pulitzer póstumo en 1957.

—¡Cuánta alegría! Creo que pospondré la lectura del teatro de Eugene O'Neill de momento. No estoy para tanta realidad cruda. En este momento no la aguantaría. Me voy a hacer las maletas. Salgo para los Estados Unido en unos días.

H. P. Lovecraft

—Ya sabes, Celia, que no leo a cierra ojos, y que sigo algún tipo de criterio siempre. A Howard Phillips Lovecraft (1890-1937) lo descubrí gracias al profesor Eugenio Gattinara, autor de *Eros and the Atom, or: The Birth of the Concept of Force,* 1974, de cuyo criterio literario me fiaba.

—Tiene este escritor unos títulos inquietantes: *The Call of Cthulhu, The Shadow over Innsmouth, The Cats of Ulthar, The Lurking Fear, The Horror at Red Hook, Azathoth, Haunter of the Dark, The Challenge from Beyond, The Ghost Eater* —apunta Celia.

—Esos títulos ya nos dicen de qué va su literatura: *fear, horror, shadows, terror, mysteries, haunting, the beyond, cosmic horror, myths, ghosts.* Por ejemplo, *Haunter of the Dark,* narra la historia de Robert Blake, escritor que observa una iglesia abandonada con una torre siniestra. Blake investiga y descubre que la iglesia albergaba un culto que adoraba a una entidad llamada el *The Haunter of the Dark, Morador de las Tinieblas.* Invoca a esta criatura ancestral que solo puede manifestarse en completa oscuridad. Blake queda obsesionado y aterrorizado por sus encuentros con este ente horroroso. La historia culmina durante un apagón en la ciudad, cuando Blake, atrapado en la oscuridad de su habitación, es finalmente alcanzado por el Morador de las Tinieblas. Se le encuentra después muerto con expresión de terror absoluto: "The rigid body sat bolt upright at the desk by the window, and when the intruders saw the glassy, bulging eyes, and the marks of stark, convulsive fright on the twisted features...".

—El preámbulo a esta narración, en *Project Gutenberg,* dice: "The narrative culminates in a night of chaos during a thunderstorm, where Blake's connection to the entity leads to his tragic demise, showcasing Lovecraft's trademark style of blending the psychological with the horrific, leaving readers with an unsettling sense of cosmic dread".

—*Cosmic dread,* es precisamente lo que me dejó cuando la leí. Y ya he dicho que este tipo de literatura no va conmigo. Sin embargo, Lovecraft es todo un narrador y maneja el idioma como pocos, con recursos novedosos como malos olores *(fetor, stench, stink, noisome),* así como ruidos, de ratas repulsivas, por ejemplo. Ha tenido una influencia decisiva en muchos autores del género, horror moderno, como Stephen King, del cual hablaremos.

Y mientras hablábamos, una escena digna del propio Lovecraft comenzaba a desplegarse. Celia y yo nos quedamos callados, expectantes, ante ruidos sospechosos provenientes de mi cocina. Se va la luz y nos envuelve un olor nauseabundo, acre, podrido, de descomposición, como de letrina, que produce arcadas. Un jadear ponzoñoso nos obliga a dirigirnos, palpando las paredes, hacia la salida, y bajamos corriendo. Lovecraft se hubiera reído, yo no. Esta noche me hospedaré en un hotel.

Henry Miller

Henry Miller (1891-1980) me trae recuerdos de juventud. Al igual que con el *Ulysses,* leí con avidez su *Tropic of Cancer* (1934), novela que había estado prohibida en los Estados Unidos, por pornográfica y obscena, hasta 1964, cuando el Tribunal Supremo de los Estados Unidos le dio el visto bueno. Miller la escribió y publicó en París, donde había huido del asfixiante puritanismo norteamericano, como muchos otros. Hemingway, F. Scott Fitzgerald, Gertrude Stein, John Dos Passos, y James Baldwin, de los que ya charlaremos, creían que en París se podía escribir, pintar y vivir mejor.

—Me temo —sentencia Celia— que esta vez no vas a poder dirigirme al *Project Gutenberg,* como siempre.

—Conforme avanzamos en el tiempo, los escritos que vamos a considerar todavía no son de dominio público. En Madrid, sin embargo, tenemos un par de bibliotecas en lengua inglesa bien surtidas. Y a una mala, te puedo prestar mi ejemplar de *Tropic of Cancer,* que es una especie de novela–narración semiautobiográfica, sin argumento ni estructura. Una gran obra, donde Miller describe su paso por una oficina de telégrafos (Western Union Telegrah Company), demencial, deshumanizada, el epítome de una sociedad burocratizada. Dijo de este periodo de su vida: "When I look back now on that time it seems like a chapter torn from a book of nightmares. The job at the telegraph office, the subway rides, the tenement rooms —everything gray, dehumanized, implacable". Se fue a París en 1930, pobre, sin recursos, preparado para vivir de sablazos, de ayudas, y *handouts.* La también controvertida Anaïs Nin le ayudó y convivió con él. Y se convirtió en un escritor controvertido e influyente

—Vida bohemia parisina, ¿no? —pregunta Celia.

—Eso. ¿Le ayudó que se prohibiesen tanto *Tropic of Cancer* como *Tropic of Capricorn* por obscenas y guarras en los Estados Unidos y en el Reino Unido? El editor, listo él, colocó en la portada la advertencia: "Not to be imported into the United States or Great Britain" que era casi una invitación a leerlas. El Juez Michael Musmano —a quien yo conocí en Pittsburgh— había dicho que el libro era: "Not a book. It is a cesspool, an open sewer, a pit of putrefaction, a slimy gathering of all that is rotten in the debris of human depravity" *(No es un libro. Es una cloaca, una alcantarilla abierta, un pozo de putrefacción, un lodazal que reúne todo lo podrido entre los escombros de la depravación humana).*

—Nos gusta lo prohibido. ¿Te acuerdas de Eva y Adán? —dice Celia, graciosa ella.

—Por eso, más tarde, Miller escribió *Sexus* (1949), *Nexus* 1953 y *Plexus* 1959, que también tienen miga, especialmente la primera.

—Otros no opinaban como el *Justice* Musmano de marras —dice Celia— Mira lo que dijeron de él autores de prestigio:

"A bit terrifying but very well done" Aldous Huxley.

"A very remarkable book, with passages of writing in it as good as any I have seen for a long time" T. S. Eliot.

"At last, an unprintable book that is fit to read" Ezra Pound.

"Read him for five pages, ten pages, and you feel the peculiar relief that comes not so much from understanding as from being understood" George Orwell.

—Gracias, Celia. Dejémoslo así.

Edna St. Vincent Millay

Al final tuve que dormir en una pensión de mala muerte en la Plaza de Tirso de Molina. Cualquier cosa menos volver a casa después de la experiencia Lovecraft. Una vez de vuelta a casa, todo estaba tal cual, sin ruidos y sin putrefacción. Busqué una antología de poesía norteamericana, pero que no encontré. Quería releer la poesía que me impactó de Edna St. Vincent Millay (1892-1950). He tenido que entresacar esta otra, *First Fig:*

> *My candle burns at both ends;*
> *It will not last the night;*
> *But ah, my foes, and oh, my friends-*
> *It gives a lovely light!*

que tiene la ventaja de ser corta y de tener muchas interpretaciones. *Careful with candles that burn at both ends,* por si acaso. Edna fue una mujer libre, muy libre, que despuntó pronto y recibió el reconocimiento que se merecía. Defensora de la libertad, especialmente de la libertad de la mujer, hizo de su capa un sayo y por eso recuperó su popularidad de nuevo no hace mucho. Es una poetisa y dramaturga a tener en cuenta y a leer, que tiene mucho que decir, como al expresar con firmeza su libertad y franqueza en el amor:

> *I shall forget you presently, my dear,*
> *So make the most of this, your little day,*
> *Your little month, your little half a year,*
> *Ere I forget, or die, or move away.*

Pearl S. Buck

—Celia, creo que ya hemos hablado de alguna que otra actitud negativa hacia ciertos escritores, sin lógica alguna.

—Sí, ya me hablaste de ciertos *likes and dislikes,* actitudes incomprensibles a veces pero que nos llevan a distanciarnos de literatos que, por lo demás, y para muchos, son excelentes e importantes —responde Celia con autoridad.

—Este es el caso con Pearl S. Buck (1892-1973), escritora estadounidense ganadora del Premio Nobel de Literatura en 1938, reconocida por sus novelas que retrataban la vida en China, país donde pasó gran parte de su vida. Nació en Hillsboro, Virginia, pero a los tres meses fue con sus padres, misioneros presbiterianos, a China, donde creció inmersa en la cultura local. Esta experiencia marcó profundamente su obra literaria.

—Supongo, entonces, que, si fue de pequeña a China y se crio allí, vivió entre dos mundos.

—Aprendió chino antes que inglés, dicen, y se educó en un entorno bicultural, pero sus padres la enviaron a los Estados Unidos a estudiar y regresó a la China en 1914, a los 22 años, para trabajar de misionera y profesora.

—Escribió en inglés, claro —supone Celia.

—Escribió la novela *The Good Earth,* en 1931, con la que ganó el Premio Pulitzer que la lanzó a la fama. Trata con realismo conmovedor de una familia campesina china, con luchas sociales y su conexión a la tierra que aman.

—Pues parece interesante —apunta Celia.

—Seguro, pero a mí, cuando leí la novela, a los 19 años, el tema de los campesinos chinos no me atrajo.

Los personajes no me parecían reales. Además, más tarde vi la película de 1937, con Paul Muni, que me gustó aún menos, y en blanco y negro. Un desastre.

—Vaya —exclama la joven.

—No obstante, no en vano ganó premios importantes, fue una activa defensora de los derechos civiles, así como del feminismo. Su labor como puente cultural entre occidente y oriente es reconocida.

—Veo aquí, —dice Celia leyendo— que los del Nobel le dieron el premio "for her rich and truly epic descriptions of peasant life in China and for her biographical masterpieces".

—Cierto. Escribió más de 70 títulos, biografías de sus padres y de ella misma. Lin Yutang, del cual hablaremos, reconoció la labor cultural y pedagógica de Buck.

—¿Lin Yutang? Me suena.

—Si Lin Yutang la reconocía y admiraba ¿qué puedo decir yo?

—Pues mira, si le dieron el Premio Nobel, por algo sería, así que voy a leer *The Good Earth* —exclama Celia desafiante, creo que para llevarme la contraria.

Yo me quedo ensimismado, tratando de descubrir por qué tengo esas manías literarias tan absurdas e ilógicas. Será porque no soy perfecto.

James Thurber

¿Existió James Thurber (1894-1961) de verdad? —me pregunto antes de reunirme con Celia. Seguramente que sí porque leímos su cuento *The Secret Life of Walter Mitty* en la clase de *Freshman English* con la profesora Collura, y hablamos de la vida y obra de James Thurber que, en aquel momento, todavía vivía. ¡Qué cosas!

—¿Me dices que cuando leías y estudiabas a Thurber todavía vivía? ¡Ave María purísima! ¿Cuántos años tienes? —pregunta Celia con sorpresa y descaro. Me quedo un poco confuso y atribulado con la pregunta y opto por disimular explicando que *The Secret Life of Walter Mitty* es un cuento, o narración corta, donde Walter es un marido calzonazos, apocado, pasivo, despistado, dominado por su mujer. Escapa de la monotonía de su vida a través de fantasías, ensoñaciones, en las que actúa de héroe maravilloso, y se ve de comandante, cirujano brillante, asesino temerario, etc. Cuando hacen recados juntos, cada momento desencadena un ensimismamiento y una nueva fantasía para huir de la realidad. La historia termina con Walter enfrentándose valientemente a un pelotón de fusilamiento, el escape romántico y heroico definitivo de su existencia vulgar y gris. Dany Kaye en 1947 protagonizó la primera película de Walter Mitty. La última se filmó en 2013.

—Veo —añade Celia— que al referirnos a un Walter Mitty, estamos hablando de alguien fantasioso que huye de la realidad.

—Todos —aventuro audazmente— tenemos fantasías de todo tipo para alejarnos de nuestra realidad para vivir otras vidas, otras aventuras, otras experiencias, y esta narración ejemplifica esto a las mil maravillas. Ya lo dijo Sylvia Plath: "I can never be all the people I want and live all the lives I want… I want to live and feel all the shades, tones and variations of mental and physical experience possible in my life" (*The Unabriged Journals of Sylvia Plath,* Karen Kukil, ed.) ¡Ahí es nada!

—Para que no digas que soy una mandria, he leído por mi cuenta *The Catbird Seat* que trata de Erwin Martin, hombre, tranquilo y meticuloso, trabajador en una empresa donde su existencia se ve alterada por la ruidosa, impredecible y entrometida señora Ulgine Barrows, recién contratada, que amenaza con alterar su departamento. Temiendo por su trabajo y su forma de vida, Martin idea un plan: no asesinarla, como considera al principio, sino desacreditarla. Visita su casa y actúa de manera completamente opuesta a su carácter (bebiendo, maldiciendo, hablando de drogas), a sabiendas de que la mujer informará a la empresa, y cuando lo hace nadie cree lo que cuenta, y es a ella a quien ponen de patitas en la calle —nos cuenta Celia, muy ufana ella.

—Hay gente cuadriculada que se resiste al cambio, a lo nuevo, al progreso, como el héroe de esta parodia de humor negro. Por cierto, que *to be in the catbird seat* está en mi diccionario fraseológico bilingüe como estar en la poltrona, en una situación cómoda, que entró en la lengua inglesa gracias a este cuento y a la capacidad innovadora de este escritor, humorista, periodista y comediógrafo que hurgó en las frustraciones, manías y excentricidades de la gente común, corriente y moliente. Fue un escritor prolífico y vale la pena bucear en su literatura —explico en voz alta, en plan dómine.

Observo que Celia se ha quedado ensimismada, pensando en las musarañas, fantaseando, y no me escucha. La dejo escaparse con sus pensamientos, que la vida también es sueño, y me voy despacio en busca de una biblioteca donde fantasear y vivir otras vidas.

Despedida

Miro por las amplias ventanas de la cafetería del Círculo de Bellas Artes, observando a los personajes pasar, mientras me pregunto por qué pasan y dónde van. Veo venir a Celia, sin cartapacios ni ingenios tecnológicos. Es nuestra última reunión.

—Marcho para Pensilvania de nuevo. Me llevo los apuntes que he pasado a mi portátil, y ordenado por fechas. Trataré de leer lo más posible —promete, juvenilmente.

—Sé que no me vas a decir por qué o para qué vuelves a Pittsburgh. Disfruta de tu bilingüismo y biculturalismo, y reflexiona. No tengo consejos que darte.

—Estaré en contacto para que, cuando vuelva, retomemos estas charlas.

—Quedan muchos autores por descubrir y de los cuales comentar.

Celia leaves, and I remain, alone, before the tall windows, watching the light fade. I think, with Eliot: "Here I am, an old man, in a dry season" The line brings no comfort, but it keeps me company while the same old sadness returns —unannounced, quiet— settling in, as it always does, when I finish a book and I write

The end